엄재균의 **낯섦과 익숙함**

두 번째 삶의 향연

초판 발행 2025년 5월 13일
개정판 발행 2025년 7월 31일
지은이 엄 재 균 jkeom1@naver.com
살핌이 금 교 돈
엮은이 전 정 준
펴낸곳 매튜앤루즈 **주소** 서울 은평구 은평로16나길 3-1, 101호
전화 010-4086-8823 **이메일** jungjoonchun@naver.com
출판신고번호 제 2025-000010 호
ISBN 979-11-992244-1-4(03810)
ⓒ 엄 재 균 2025

캘리그래피는 민태숙 선생님의 아이디어와 지도를 받아 저자가 그림

낯섦과 익숙함

두 번째 삶의 향연

오늘은 나의 남은 인생에 첫날

프롤로그

"당신, 사랑해."

"우리 딸, 참 잘했어."

"아들, 노력하는 모습이 멋져."

이 짧은 말들을 마음속에는 수없이 떠올리면서도, 입으로 꺼내기엔 괜히 어색하고 쑥스러운 적이 얼마나 많았던가? 처음이라 낯설게 느낄 뿐이다.

"도대체 왜 그래, 응?"

정말 사랑해서, 걱정이 되어서 한 말인데 정작 입에서 나올 때는 짜증이 섞인 이 말투가 배우자와 아이들 마음에 가시처럼 박힌 적이 있지 않았는가?

"너라서 자랑스럽다"

"그냥 네가 행복했으면 좋겠다"라는 그 말이 목구멍까지 올라왔다가 낯섦과 어색함에 가려져 마음에도 없는 말이 툭 튀어나온다.

그 말 한마디가 상대방의 하루를 천국과 지옥으로 만들 수 있다는 걸 우리는 기억해야 한다. 이 책은 그런 '말하지 않았던, 아니 차마 말하지 못했던 마음'들을 조용히 꺼내는 나의 고백이자 기록이다. 사랑한다고, 고맙다고, 미안하다고 입술 끝까지 차올랐다가 끝내 삼켜버렸던 그 말들이다. 사랑을 표현하는 일이 어색한 일이 아니라 하루의 숨처럼 자연스럽고 익숙해질 수 있기를 바란다. 어느 날 문득, 이 책을 덮으며 이런 마음이 들었으면 좋겠다.

'오늘은 한번 말해볼까?'

그리고 누군가에게 그동안 미뤄두었던 따뜻한 말을 조용히, 그리고 진심으로 건넬 수 있기를 바란다.

"여보, 고마워. 사랑해."

"우리 딸, 정말 예쁘다."

"아들아, 너 참 든든하다."

"엄마 사랑해, 그동안 고생 많았어."

 말은 짧지만, 여운은 참 길게 남는다. 아내에게 "사랑해."라고 말하며 살짝 안아주는 순간, 더 이상 어떤 말도 필요 없다. 누군가의 품에 안긴다는 것은 사랑받고 있다는 감정을 몸이 기억하게 하는 일이다. 이 책으로 말미암아 당신이 그 고백과 함께 포옹까지 할 수 있는 용기를 가지길 소망한다. 사랑은 마음속에만 두기엔 너무 따뜻한 감정이기 때문이다. 우리는 '말하지 않아도 내 마음 알 거야'라는 믿음으로 살아왔지만, 자신의 감정을 표현하지 않으면 상대에게 제대로 전할 수 없다. 가족에게, 사랑하는 사람에게, 마음속으로만 수천 번 했던 그 마음을 왜 우리는 그렇게 아껴 두고 표현하지 못했을까?

 "사랑한다는 말, 보고 싶다는 말, 네가 있어서 고맙다는 말", 그 짧은 한 줄이 당신의 하루를 살게 하고, 서운했던 마음을 풀고, 멀어진 사이도 다시 잇게 해준다. 사랑스럽고 멋지지만 처음으로 말 하려니 낯설고,

그래서 쑥스러웠던 마음 - 이젠 조금 늦었지만, 그래도 아직 늦지 않았다고 이렇게 글로 조심스럽게 꺼낸다. 오늘, 아내와 딸 그리고 사위에게 이런 말을 건네 본다. "그동안 내 마음 알 거라 믿었지만, 오늘만큼은 꼭 말하고 싶어. 사랑해, 정말 고마워." 그리고 혹시, 그 한마디에 서로 안으면서 눈물 한 방울 함께 흘리게 되더라도 그것만으로도 충분하지 않을까?

겨울 아침, 28년 간의 교직생활을 마무리하고 홀가분한 마음으로 창가에 앉는다. 거실 깊숙이 스며든 따스한

햇살에 포근히 안긴다. 눈을 감았다가 다시 뜨는 순간, 탁자 위에 떨어진 동백꽃 하나가 눈에 들어온다. 다른 꽃들은 여전히 생명력을 머금고 있는데, 그 꽃은 생명의 뿌리에서 빠져나와 고요히 누워 있다. 꽃은 생명을 다하고 사라지는 그 순간에도 아름답다. 동백은 마지막 순간마저 멋있게 스러지는구나.

문득, 나도 '저렇게 가고 싶다.'는 생각이 들었다. 산다는 것은 무엇일까? 오랜만에 다시 이 질문이 마음을 두드린다. 포근한 엄마의 품을 떠나 낯선 세계와 맞닥뜨렸던 어린 시절, 혼란스러웠지만 차츰 익숙해졌고 안정 속에서 살다가, 어느 날 또 다른 낯섦, 죽음이 우리를 기다리고 있다. 삶은 그렇게 낯섦과 익숙함 사이를 천천히, 때론 불안하게 오간다. 그 낯섦을 두려워하기보다 그것을 받아들여 변화와 성장의 기회로 삼을 수 있을까? 익숙한 일상 속에서도 새로운 의미를 발견하며 끝없는 탐색과 배움의 자세를 가질 수 없을까? 그렇게 할 수 있다면 죽음조차도 삶의 일부로 받아들일 수 있지 않을까?

은퇴하는 이 시간, 나는 묻는다. '앞으로의 삶을 나는 어떻게 살고 싶은가?' 다소 막연한 질문이라 다시 내 마음에 되묻는다. '나는 언제 행복한 감정을 느끼는가?'

그 물음 끝에서 나는 남아있는 삶을 새롭게 탐색하고 싶다는 열망과 마주한다. 육체는 어쩔 수 없이 퇴행하지만 감정은 더 깊어질 수 있다. 무디어진 감각을 다시 깨우고, 삶에 오래 자리 잡은 타성을 털어내며 나 자신을 새롭게 정돈하고 싶다. 나는 지금, 내 안에 피어나지 않은 가능성을 위해 그 실마리를 찾아보려 한다. 그 첫걸음 위에 질문 하나를 더 얹는다.

'지금 나는 진정 무엇을 하고 싶은가?'

인생 3막에서는 창작활동인 글쓰기가 그 가능성을 열어줄 수 있을 것 같다. 글을 쓰는 동안, 머리 위로 떠다니던 감정과 산만한 생각들이 조용히 제 자리를 찾는 듯하다. 마음은 차분해지고 생각이 정돈되는 느낌이다. 일상에서 마주한 풍경과 감정을 되짚어보고, 그 감정을 글로 표현하고, 그 글을 통해 지금의 나를 바라볼 때, 비로소 내 삶이 충만해짐을 느낀다. 낯섦과 익숙함, 아름다움과 호기심, 그리고 사랑과 아픔의 감정까지도 글로 표현하면 마치 피그말리온 효과처럼 나는 그 글이 말하는 대로 살아가려는 의지가 강하게 생긴다. '말이 씨가 된다'는 것처럼 글도 씨가 되어 나를 변화시키고, 누군가 함께 공감할 수 있기를 바라는 마음이다.

은퇴 후에 여행도 좋고, 취미생활도 좋다. 하지만 그보다 더 중요한 것은 내 삶의 이야기를 돌아보고 기록하는 일이 아닐까? 삶은 때때로 우리에게 이렇게 묻는다. "지금은 늦지 않았을까?" 그 질문 앞에 멈칫하며 생각한다. 지금 남기지 않으면 그 누구도 나의 시간을 대신 기억하고 기록해주지 않는다. 내가 살아온 시간들을 스스로 기억하고, 글로 남기며 살아가는 것이야 말로 삶의 유한성을 극복하면서 주체적으로 살아가는 방식이 아닐까 싶다. 그 삶의 방식을 한 편의 영화에서 발견한다.

영화 〈패터슨〉에서 주인공 패터슨은 미국 뉴저지주의 작은 도시 패터슨에서 버스기사로 일한다. 매일 아침 6시 15분, 같은 시간에 눈을 뜨고 같은 길을 달리는 지극히 반복적인 삶 속에서도 자신만의 시를 쓴다. 운행 직전 운전석에 앉아 시를 떠올리고, 점심시간에 공원 벤치에서 조용히 시를 쓴다. 패터슨의 일상은 무의미한 반복이 아니라, 일상 그 자체가 창조의 시간이 된다.

그 모습을 보며 생각했다. 나도 가능할까? 시인이 아니어도 시를 쓸 수 있을까? 그것도 공학도 출신이 말이다. 그러다 이런 말을 떠올렸다. "시를 이해하는 가장 좋은 방법은 직접 쓰는 것이다." 생의 3막에서 새로운 실험을 해본다. 살면서 말로는 진심을 다 담을 수 없을 때, 감정이 깊이 가라앉아 도무지 표현할 수 없을 때가 있다. 삶에서 감당할 수 없는 어려움이 찾아올 때, 그 아픔을 마냥 마음속으로 꾹 누를 수도 없고, 주절주절 말로도 담아낼 수 없어 답답할 때가 있다. 누군가 시인도 아닌데 하고 비웃더라도 괜찮다. 나는 내 안의 사랑과 기쁨, 그리고 아픔을 시와 캘리그래피로 조심스레 꺼내어 내가 살고 싶은 삶을 표현하고자 한다. 다시금 나에게 묻는다. '나는 어떤 삶을 살고 싶은가?' 이 질문에 대한 답을 찾는 여정이 이 글 속에 담겨있다.

  오래전, 이창동 감독의 〈시〉와 칠레의 시인 파블로 네루다를 그린 영화 〈일 포스티노〉라는 영화를 보면서 다짐했다. '언젠가는 나도 시를 써야겠다.' 죽기 전에 꼭 가고 싶은 여행지는 포기하더라도 시 한 편은 꼭 남기고 싶다는 마음이 들었다. 살아가는 일이 벅찰수록 가끔은 시를 떠올리며 상상한다. 시는 특별한 시간이 아니라,

일상의 평범한 틈 속, 마음 깊은 곳에서 문득 낯설게 피어오른다. 그 순간, 메모를 하고 노트북의 자판 위에 마음을 눌러 담는다. 시와 캘리그래피가 어우러지면서 전혀 새로운 이미지를 창조하는 이 경험은 내 인생의 실험 프로젝트, 그 자체이다.

근데, 문득 이런 생각이 든다. "나만 즐겁게 살아도 괜찮을까?" 나는 과연 누군가를 기쁘게 한 적이 있었던가? 나 만의 즐거움도 좋지만 누군가와 함께 행복을 나누면서 세상에 따뜻함을 건넬 수 없을까? 그렇게 할 자격과 능력이 과연 나에게 있는 걸까? 50대 중반을 지나면서 이런 질문에 대한 해답을 찾기 위해 고민했었다. 당시에는 막연하게 은퇴 후, 상담심리를 배워서 타인의 어려움을 들어주고 공감하면서 치유할 수 있다면 어떨까 생각했다. 그 막연했던 생각을 잡아서 이제 실천에 옮겨보려 한다.

하지만 이 모든 삶의 실험과 탐색에의 의지는 결국 하나의 소실점을 향하고 있다. 바로 존재의 상실이다. 영원한 침묵으로 들어가는 죽음을 생각한다. 언제 어떻게 다가올지 모르는 절대 침묵의 세계인 죽음이라는 낯선 손님을 맞이할 때, 그 죽음을 수용하고 평온하게 맞이할 방법을 찾을 수 있을까? 삶에서 가장 중요한 사건이 탄생이라면, 죽음 또한 그 만큼의 큰 사건이다. 그 죽음의 순간과 그 이후는 내가 결정할 수 있는 것이 없다. 그것은 남은 가족의 몫이다. 하지만 그곳에 이르는 과정은 내가 준비할 수 있을 것 같다. 나의 삶과 생각을 글로 담아, 남겨질 가족들이 당황하지 않고 그 상실의 시간을 담담하게 받아들이기를 바라는 마음으로 한 자 한자 써 내려 간다.

죽음을 생각할수록 삶은 더욱 소중하고 경이롭게 다가온다. 세상을 떠나고 난 후 매년 지내는 기제사보다는 살아있을 때 함께 웃고, 서로에게 소중하고 즐거운 시간을 갖고 싶다. 고인이 되신 부모님, 장인어른을 그리워하면서 가족들이 함께 외식하면서 고인을 추모하고 즐거운 시간을 보내는 것이 더 의미가 있음을 뒤늦게 깨닫는다. 고인도 이런 우리의 모습을 보고 싶어할 것이다.

가장 슬프게 죽음을 맞이하는 때는 어떤 경우일까? 세상 속에서 정신없이 살다가 어느 날 느닷없이 죽음을 앞에 두면 무척 당황스럽고 황망할 것이다. 그래서 나는 지금, 내 삶에 의미가 있었던 순간들을 기록으로 남겨두면서 갑자기 죽음과 맞닥뜨리지 않고, 죽음을 맞이하는 삶을 소망한다. 이것은 〈엔딩 노트〉[1]가 아니라 살아 있는 지금 이 시간, 건강할 때 삶의 의지를 담은 〈생명 노트〉로 남기고 싶다.

오늘 만난 사람과 풍경을 보고 느낀 감정과 낯선 곳에서의 경험을 통해 나를 돌아보고 글로 쓰면서 타성에 찌든 나를 깨우고 내 안에 아직 잠재된 가능성을 탐색하는 시간이면 충분하다. 삶이 힘겨워도 웃을 수 있는 이유는 지금 이 순간에 우리가 살아 있기 때문이다. 그 일상의 삶을 기록하지 않는다면, 나란 존재는 마치 살지 않았던 것처럼 흔적 없이 잊히고 말 것이다.

자녀에게 무엇을 물려줄 것인지 유산에 대해 고민한 적이 있다. 물질적인 자산만 아니라 아빠가 살아온 시간의 향기와 그 가치를 유산으로 전해주고 싶었다. 사랑하는 딸과 사위 그리고 앞으로 태어날 손주들에게 아빠, 할아버지가 어떤 생각을 하며 살았는지 얘기하고

---

[1] 시한부 말기암 진단을 받고 죽음을 준비하는 과정을 주인공의 딸인 일본 영화감독이 다큐멘터리 영화로 제작

싶지만 자칫 잔소리가 되기 십상이라 글로 전하려 한다. 내가 이 세상에 없는 그날에도 자손들이 모여 이 책 내용을 이야기하며 즐겁게 식사하는 장면을 떠올리면 벌써 내 마음이 따뜻해진다.

삶을 돌아보고 글로 남긴다는 건, 어쩌면 아주 천천히 작별 인사를 준비하는 일일지도 모른다. 사랑한다고 말하고, 미안하다고 표현하고, 고마운 마음을 전하는 일이다. 그동안 미뤄두었던 마음들을 꺼내어 한 줄씩 써 내려가다 보면, 내 마음이 설레기도 하고 따뜻해진다. 삶은 매일 반복의 연속이지만 그 속에도 늘 작고 소중한 설렘이 숨어 있다.

학생들과 마주한 교실에서 따뜻한 순간들, 가족과 함께 나눈 즐거운 식사 한 끼, 어느 날 문득 가슴을 두드린 감정들까지 - 그 익숙하고 평범한 날들이 결국은 우리 인생의 가장 귀한 이야기이다. 이 책에는 그런 설렘과 익숙함의 변주를 기록으로 담았다. 오랜 교직 생활을 마무리하고, 인생 3막을 시작한 한 사람이 걸어온 시간의 풍경을 시와 수필, 그리고 캘리그래피로 담아냈다. 이 책을 읽고 나서 알게 되면 좋겠다. 특별한 일은 없었지만 우리가 지나온 하루하루에도 분명 이름 붙일 가치가 있다는 것을. 그리고 당신은 생각하게 될지도 모른다. 나도 내 삶을 글로 남기고 싶다는 마음을. 말로 전하려고 하니 왠지 어색하고, 그냥 흘러 보내기는 너무 아까운 감정 말이다.

삶의 익숙함 속에서 피어난 작지만 소중하고 설레는 감정들, 그 설렘의 조각들을 글로 남기는 일은 우리 모두가 해볼 만한 일이다. 지금, 조용히 펜을 들어 당신만의 이야기를 써 내려가 보면 어떠실는지?

CONTENTS

프롤로그 **04**

PART 1 시 한편은 쓰고 죽고 싶다

낯선 침묵 **030**
자기 소멸의 길 **033**
익숙한 그 이름 **036**
나 답게 산다는 것 **038**
당신은 소중한 선물입니다 **040**
생명과 죽음 그 사이에서 **042**
고통은 힘차게 행복은 나른하게 **046**
지금 이 시간에 **050**
우연과 필연 사이 **052**
다시 사랑할 수 있을까 **056**
동백꽃 지는 날 **060**
가을 앓이를 하시나요 **062**
나 답게 산다는 것 **064**
샤갈은 어떤 꿈을 꾸었을까 **068**

Contents

PART 2 두 번째 삶의 향연을 위한 시간

아내를 위한 선물 076
일상의 소중함 – 캘리그래피 087
내 딸, 세상 누구보다 사랑스러운 097
익숙하지만 낯선 진리 – 복리의 마법 106
낯선 개념 – 금융소양 116
커피 바리스타를 꿈꾸며 128
나만의 집을 짓는 사람 136
네팔에서 카이로스의 시간 144

Contents

PART 3 낯섦과 익숙함, 그 삶의 변주

화양연화의 시간 **156**
베이비부머를 위한 변론 **166**
안단테 리듬으로 살아갈 시간 **176**
삶에서 고난은 결코 피할 수 없는 것 **185**
꽃이 지고 나서야 봄이 온 줄 알았네 **196**
낯섦과 설렘 그리고 익숙함 **204**
삶에 음악이 흐른다면 **212**
일상의 삶을 낯설게 하는 것들 **222**
보이지 않는 것을 보게 하는 것들 **234**

내가 이렇게
괜찮은 사람이었구나~
그런 생각 자꾸
들게 하는 사람
정말 좋은 사람
입니다~

Contents

PART 4 인생의 황금기는 지금 이 시간

천개의 바람이 되어 **248**

원래 그렇게 생겨 먹은 걸 **258**

늦은 때는 없다 **268**

살아간다는 것은 외로움을 견디는 일 **275**

몸은 영원한 나의 동반자 **282**

변화에 적응하는 삶 **287**

삶의 마지막 실험 **294**

존엄한 죽음을 위한 나의 엔딩 노트 **300**

또 하나의 삶 **311**

에필로그 **316**

내일의 나를
응원해
화이팅~

"
언어와 문자만으로 가끔 나의 감정을 담아내기에
부족함을 느낀다.
시와 캘리그래피는 미처 표현하지 못하는
진심을 여백 속에 담아주는
신비한 도구이다.
"

엄 재 균

가끔은
인생이
정말로
초록빛으로
행복
이

E·O·M·J·A·E·K·Y·U·N

PART 1 시 한편은 쓰고 죽고 싶다

그럴 수도 있다
그런 일도 있다
그럴 때도 있다
그런 삶도 있다

오늘도 아름답게…

낯선 침묵

현관에서
그녀가
내려온다.

멀리서 들리던 익숙했던 멜로디가
오늘따라 낯설고 가깝게 다가와
가슴을 울릴 때,

르네의 금지된 재현처럼
바흐의 미뉴엣 선율처럼
호수면에서 흔들리는 버드나무의 운율 같은,

수천 번
보아온
그 실루엣

오늘따라
차에서 시선을 멀리하여 바라본 익숙했던 당신은

낯설지만 이뻤다.

너의 실루엣은
빛과 바람이 그려낸 버드나무의 떨림에
희미하지만 선명하게 느껴지는 아름다움.

용기를
내어
말했다.

당신
오늘따라

              더.

              멋.
              져.
              요.

뜬금없는
고백에
짧은
침묵이
흐른다

평생에
놓치지 말아야 할
속삭임에

정적만이
한겨울 늦은 오후 그림자가
길게 늘어진다.

자기 소멸의 길

조금씩 당신은 사라진다
누군가의 글에
자기만의 생각을,

다시 곱게 다듬어
진실을
담고,

잘못 그린
못난 삶의 흔적을 마술처럼 지워주고
다시 시작할 용기를 주는 당신은 누구인가?

자신의 몸을 내어
나의 실패를 감쪽같이 감싸주고는
다시 삶의 에너지를 주는 존재

온몸을 기꺼이
내어 주고

초신성처럼 빛의 속도로 사라지지만,

글을 빛나게 하고
감동을 주는 그림을 만들고
자신은 결국 없어지고마는

자기 상실을 통해
존재의 이유를 보여주고
불멸의 흔적을 그림으로 남기고 가는 당신.

모든 생명체는 태어나면서
죽음이라는 낯선 소실점을 향해
맹렬하게 질주해 가는데,

삶의 아포리아에서
소멸을 통해
불멸에 이르는
모순된 갈망을 꿈꾼다.

♥감사합니다
사랑합니다

익숙한 그 이름

항상 가까이 있어 익숙한 이름
너무나 무심해
잊고 지냈던 그 낯선 이름,

지금은 부르고 싶어도
안타까워 부를 수도 없는 이름
부를 때마다 눈물이 나는 그 이름,

'사랑합니다' 라는 말로는
너무나 멀리 있어
내 마음을 전할 수도 없는 그 이름,

아름다운 꽃으로 새로이 피어난
의식 깊은 곳에 숨겨진
그 여인의 이름을

끝내 숨기지 못하고
이제야 목놓아

그 이름을 불러봅니다.

어 · 머 · 니 ·

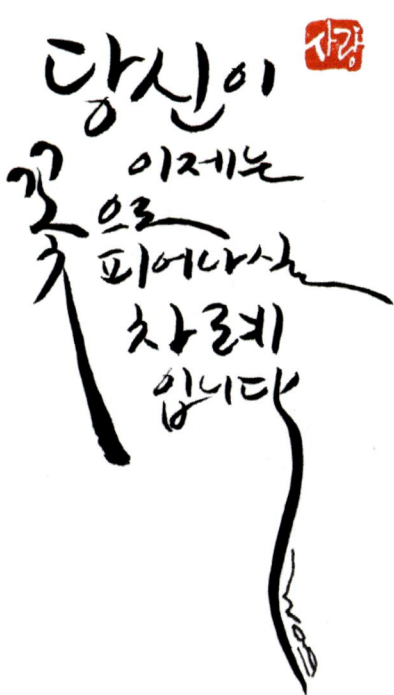

나 답게 산다는 것

장남답게
장녀답게

남자답게
여자답게

아들답게
딸 답게

고흐처럼
고갱처럼

누구답게도 살고 싶지 않아
누구처럼도 되고 싶지 않아

그냥 나답게 살고 싶다
지금 이 순간에,

생명의 기쁨 느끼며
온몸으로 표현할 때,

보이지 않는 모든 억압에서 자유로울 때
그 자유라는 형벌 앞에서 기꺼이 책임지고,

진정 나를
사랑할 수 있을 때만이.

> 감사
> 당신이 되고
> 싶었던 어떤
> 존재가 되기에는
> 지금도
> 결코 늦지
> 않았다

'조지엘리엇'

당신은 소중한 선물입니다

그대를 볼 수는 없지만
옆에 있는 것처럼
푸른 하늘에 그리는 사람,

눈부시도록 시린
차가운 여름을 지나쳐
기억을 걷는 시간

고통의 시간 속에
살아가지만
깊어만 가는 이 가을에,

진한 커피 향을 맡으며
마음을 열어 슬픔과 기쁨을 나눌 수 있는
그런 사람,

이 세상에서 가장 아름다운
시와 음악, 그림을 전해주고 싶은
그런 사람,

오늘은
따스한 나의 마음을 전해주고 싶은
그런 사람을 그립니다.

생명과 죽음 그 사이에서

어디 갔을까
보이지 않는다

바닥에 있는 패드에는
피가 이곳저곳에 묻어 있다
가슴이 철렁 내려앉는다.

소파 구석진 곳에서
앞이 보이지 않아 혼자 나올 수 없어
엉거주춤 서있다.

혹시나 하는 마음에
꼬리를 건드린다
살짝 움직인다.

그동안
혼자서
얼마나 두려웠고 힘들었을까?

이십 년의 시간을 견디며 함께 있어 고맙다
조그만 더,
우리 조그만 더
함께 가자.

그 순간,
나도 함께 살아 있음에 감사함을
느낀다.

공원 도서관 앞 벤치에 앉아
바람이 뺨에 스치며
지나갈 때

아침 햇볕이
내 정수리에 꽂이면서
얼굴과 온몸에 따뜻하게 전해질 때

그 순간,
온전히 살아있다는 느낌이 들어
감사하다.

별 볼일 없는 하루의 평범한 일상이
얼마나 행복한 날들인지를
별 볼일이 생긴 후에야 몸으로 안다.

상실과 결핍이 있을 때
그제야
그 존재의 귀중함을 안다.

꽃
물
공기
건강
사랑
삶

그리고 우리 재롱이[1]

---

[1] 20년을 함께 살고 있는 나의 반려 푸들, 재롱이는 지금 눈은 보이지 않지만 대사활동이 원활하고, 매일 산책을 나가자고 때가 되면 은근히 나를 압박하는 집안의 귀염둥이 막내이다.

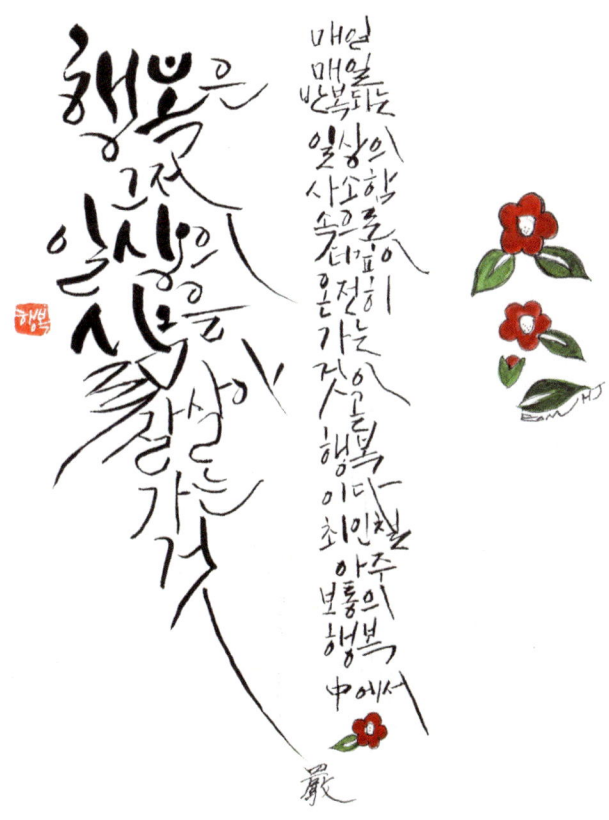

[출처: 최인철, 아주 보통의 행복, p. 192, 21세기북스, 2021년]

고통은 힘차게 행복은 나른하게

인간이란 누구나 불안한 존재
인간이란 언제나 결핍의 존재

남의 불행을 볼 때 나의 행운을 알고
부재를 통해서만 존재의 고마움을 아는

그런 모순된 인간들이 서로 모인 사회
이런 어리석은 인간이 함께 사는 사회

결핍으로 인해 항상 무언가 욕망하고
욕망이 채워지면 다시 권태가 오고

권태를 벗어나기 위해 다시 욕망하고
끝없는 욕망과 권태의 수레바퀴 굴레에서

충족되지 못한 욕망으로 고통을 받고
채워버린 욕망은 또 다시 허무에 빠진다.

고통은 언제나 강력하고 느닷없이 다가오는데
행복은 순간적이고 찰나인 것을 어찌하랴?

즐거움은 항상 기대에 못 미치고
시간은 우리를 쉴 새 없이 채찍질하고,

소망이 다 이루어지면 어떻게 될까?
천국에서 모든 이는 무료함에 빠지리라.

안락한 무료함이 주는 형벌에서 벗어나기 위해
인간은 감당할 수 있는 고난이 필요하다는 이 역설

힘차게 다가오는 고난과 고통은
평생을 짊어지고 가야 할 도전이자 책임이지만,

그럼에도 불구하고
내 옆에 나른하게 다가온 행복한 이 순간을
그냥 쉽게 놓칠 수는 없지 않은가?

[행복]

바람에
실려
보내요
당신향한
내마음
사랑
입
니
다

지금 이 시간에

낙엽이 바람에 휘날리는 소리에
당신의 속삭임을 듣습니다.

눈이 펄펄 내리는 추운 겨울에는
당신의 따뜻한 손길을 느낍니다.

벚꽃이 흩날리는 봄이 오면
당신의 여린 마음을 봅니다.

멀리 떨어져 있지만
그대 곁에 있습니다.

지나온 생은 찰나처럼 짧고
하루는 영원처럼 맴돌아도
이 순간에 당신을 그립니다.

영원한 숙명처럼
계절은 오고 또다시 떠나가겠지만

포도주가 오랜 시간을 견디며 숙성한 후
맛과 향이 더 풍성해지듯이

가혹하게 흐르는 시간을 버티면서
이 순간을 살아 내렵니다.

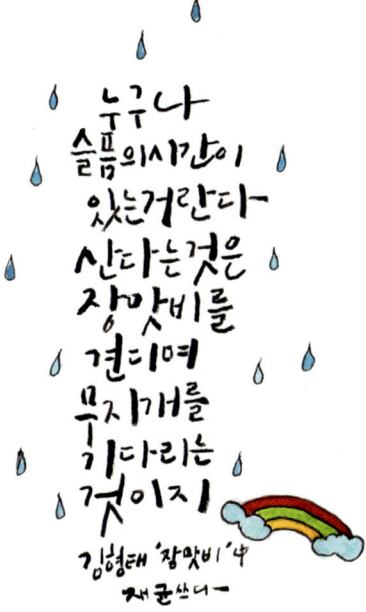

[출처: 김형태, 장맛비, 장마에 대한 시 모음 200편 중, 블로그]

우연과 필연 사이

자연이 준 가을바람이
하늘에 새털을 그리고

한여름 뜨거운 열기를 몰아낸
처서의 살랑 바람이 불어온다.

바람에 속절없이
흔들리는 잎새가 안타깝고

운명이라고 부르는
그 노래가 아름답다.

노래 속에 네가 있고
내가 그 속에 있으니

나는 단독으로 존재하지만
삼라만상은 인드라망[2]으로 연결되어 있기에

우연한 만남은 운명이 되고
우연의 연속은 필연인 것을

내 운명을 돌아보며
또 다른 세렌디피티를 꿈꾸며,

---

[2] 불교에서 인드라망은 끊임없이 서로 연관되어 온 세상으로 퍼지는 법의 세계를 뜻하지만, 종교적 의미를 벗어나 설명하면 모든 존재는 서로가 서로에게 연관되어 작용과 반응을 하면서 상호 연결된 관계라는 사실을 비유적으로 설명

마크 로스코의
그림을 본다.

그 무한함이
그립고

그 숭고함이
슬프다.

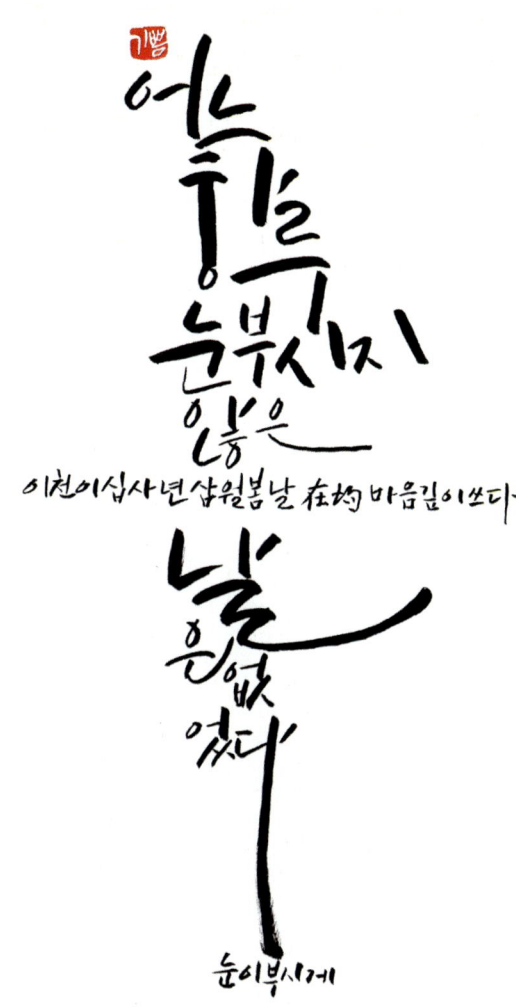

[출처: JTBC 드라마 〈눈이 부시게〉 마지막 회 내레이션 일부]

다시 사랑할 수 있을까

마네는 그 흔해 빠진
아스파라거스를
보고
그리면서
무슨 생각을 했을까?

고흐는 자신이 신었던
그 해지고 낡아빠진
한 켤레 신발을
그리면서
무슨 생각을 했을까?

그림은
익숙한 것과
이별하여
낯설게 세상을
보게 한다.

겹겹이 쌓여버린
타성에
선함과
아름다움을 놓치고
쉽게 지루해 하고

당신을 안다고
이해한다고
느끼는 순간
사랑의 마음은
오히려 멀어지고

붉게
물드는
저녁노을에
더 이상
감탄하지 않고

밤새 소리 없이 쌓인 눈으로
온 세상이 하얗게 변해도
출근길에
더 이상
마음이 설레지 않고

잔잔한 호수 위를
날아가는
고니를 보아도
더 이상
감동하지 않고

원래 그런 걸
무시하고
무관심하게
지나쳐버린
수많은 시간과 사람들

선함과
아름다움을 보고
느꼈던
그 여린 감각은
다 어디로 갔는가?

이미 와버린
미래
그 시간의
굴레 속에서
다시 사랑할 수 있을까?

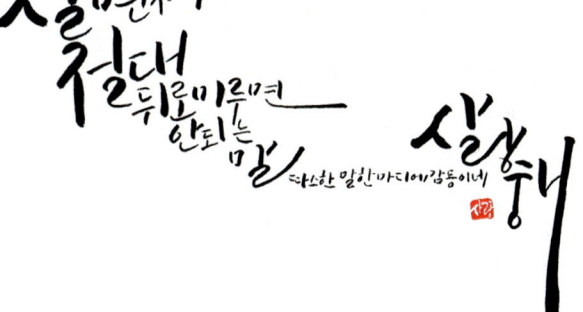

동백꽃 지는 날

동백꽃이 뚝 떨어진다
내 심장도 뚝 떨어진다

온몸으로 떨어진 동백꽃
눈물이 후두둑 떨어진다

그 모진 겨울을
끝내 견디지 못하고

나도 동백꽃처럼
저렇게 시리게 질 수는 없을까?

바로 옆 메마른 가지에는
아주 작은 생명의 소리가

가까이서 들려오는
그대 봄의 소리

동백꽃 지는 날
봄의 향기는

어느새
내 가슴에 와 있네

가을 앓이를 하시나요

은행잎이 노란색으로
살며시 물드는 시간

스쳐 오가는 가을이
사무치게 아쉬울 때

해마다 오는 변화를
스산하게 맞이하며

가을을 앓고 있을
그대를 그리워하며

내 생애 두 번 다시
오지 않을 이 순간을

이 믹믹한 가을의 냄새로
흠뻑 채워본다.

가을의 문턱에서 마음을 다스리며

나 답게 산다는 것

마음이
평온할수록
침묵의 강물은 더 깊게 흐르고

옛 친구를 만난 것처럼
침묵의 소리는
나의 영원한 벗이길 바라지만,

많이 보고 듣고 배울수록
저마다의 소음은
끊임없이 증폭되고

원치 않는 충고와
시선의 소용돌이 속에
안간힘으로 버텨왔던 침묵마저 사라진다.

타인의 시선 속에서 사란 인정욕구는
쓸데없는 말을 많이 하게 하고
고요한 침묵의 상태를 불편하게 느끼지만

자신의 마음 속에서 자란 자긍심은
침묵에 익숙하고
정직하고 개성이 강하다.

침묵의 소리에 귀를 기울이면서
여백이 클수록 그림은 깊어지고
쉼표가 있어 공감을 위한 공간이 만들어진다.

자신의 의식보다 타인의 생각에 초점을 맞추고
자신이 생각한 대로 살지 못할 때
행복의 토대는 서서히 모래성처럼 무너진다.

타인이 부러워하는 지위와 명예를 얻기 위해
끊임없이 스스로를 착취한 그 대가로
명예와 부는 얻었지만

몸은 피폐해지고
마음은 더욱 가난해지고 시간에 쫓기면서
흘레붙은 개처럼 헐떡이면서 살아가는 우리들.

백 년이 지나고
천 년이 흘러도
시간이라는 그물 속에 갇혀

죽음이라는 족쇄에 발이 묶여버린 우리의 운명
쾌락과 환희의 시간은
누릴 틈도 주지 않고 순간에 스치고

불안과 고통은 소리 없이 끈질기게
해 질 녘 그림자처럼 길게 따라온다
도대체
우리는 왜 이렇게 살아갈 수밖에 없는 운명일까?

남아 있는 유일한 희망은 하나,
타인의 시선과 잡음에서 벗어나
홀로 묵상하고,

라흐마니노프의 피아노 협주곡을 들으며
김푸름의 꽃을 생각하면서,

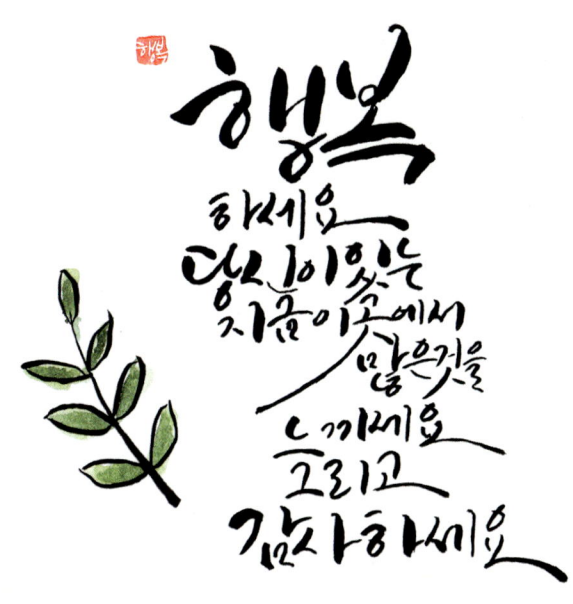

향기 짙은 진한 커피 한잔을 내리는
지금 이 순간
이 작은 행복,

좋은 삶을 위하여
에우다이모니아.

샤갈은 어떤 꿈을 꾸었을까?

샤갈은

현실 속에서
꿈을 꾸고
그 꿈은 다시 현실이 되고

현실은 또 다른 꿈을 잉태하여
눈부신 색채로
꿈에서 보았던
사랑을 그려낸다.

아름다운
음악의 선율과
시적인 운율을
그림으로 그려내는

샤갈의
그림 속에는
음악이 흐르고
시가 춤을 춘다.

BEFORE

A

N

Y

O

N

E

ELSE

삶
·
사
랑
·
희
망

삶이 언젠가 끝나는 것이라면, 삶을 사랑과 희망의
색으로 칠해야 한다.
- 마르크 샤갈 -

> 현명한 사람은 운명이 던져준 것을 기꺼이 받아들이고,
> 그것을 향유한다

세네카

오늘은
잠시 쉽게
너의 생각

PART 2 두 번째 삶의 향연을 위한 시간

 여름날의향기 …

아내를 위한 선물

 국립극장에서 〈고도를 기다리며〉 연극공연이 열리고 있다. 아일랜드 출신의 사뮈엘 베케트의 희곡 〈고도를 기다리며〉는 1953년 파리 바빌론 극장에서 처음 공연되었다. 당시 공연을 본 파리 시민들의 반응은 '도대체 무슨 내용인지 이해가 되지 않는다.' 라는 혹평과 '인간 실존에 대한 부조리 극'이라는 찬사가 함께 나왔다.

 〈고도를 기다리며〉를 책으로 처음 접했을 때, 마지막 페이지를 넘기는 순간까지 끝내 '고도'의 의미를 밝히지 않아 허탈했던 기억이 난다. '고도'가 과연 뭘까? 연극을 보는 사람들이 처한 각자 삶 속의 상황에 따라 그 해석이 달라지겠지만 인간의 부조리와 삶의 의미에 대한 질문으로 이해할 수 있을 것 같다. 어쩌면 나에게도

'지금 당신은 무엇을 기다리며 지금 이 순간, 무엇을 위해 살아가고 있나요?'라는 질문을 던지고 있는 듯했다. 마침 국내에서도 상연한다는 얘기를 들어, 오랜만에 연극을 보기 위해 예매하려고 인터넷에 들어갔다. 근데, 웬걸? 이미 2개월간 전회, 전 석이 매진이었다.

 이렇게 인기가 있구나!

 오랜만에 주연으로 나오는 신구, 박근형, 박정자 등 원로배우의 묵직한 연기를 보고 싶었는데 아쉬웠다. 대신 유튜브를 통해 〈유퀴즈 온 더 블럭〉에 연극배우 신구가 나온 장면을 보았다. 올해로 여든 아홉의 나이에 매일 연극을 하고 있다는 사실에 그분이 새삼 더 존경스러웠다. 미수를 맞은 소감을 물으니 "아직 숨 쉬고 걸어 다닐 수 있으니 견딜 수 있을 때까지는 내가 좋아하는 거 하고 싶다." 라고 한다. 그 연세에도 매년 노력하는 모습을 보이고 있었다. 참으로 존경할 만한 배우다.

 마지막으로 유재석이 인생에서 후회되는 일이 무엇인가, 물었다. "나는 취미가 별로 없어서 다양하게 즐기면서 살았으면 했는데 일만 하면서 살았죠!" 일에

워낙 몰두하니까 일이 취미이고 취미가 일이 된 것이다. 생의 마지막까지 무대에서 자신의 모든 것을 쏟아 놓고 가겠다는 말에 가슴이 뭉클해진다. 그가 한 마지막 멘트다.

> "나도 젊을 때가 있었죠. 그 순간이 그렇게 중요하지 않다고 생각하며 살았죠. 근데 이제 마지막 고비에 와보니 숨을 쉴 수 있다는 게 고맙고, 남의 도움 없이 걸어 다닐 수 있다는 게 너무 고맙고, 매사가 다 쏘 땡큐...! 그런 걸 느껴요"

나는 저 나이가 되면 어떤 의미를 갖고 살아갈까? 저렇게 최선을 다하면서 의욕적으로 살아갈 수 있을까? 아직 잘 모르겠다. 나는 일과 취미가 구분되어 있는가? 스스로 물어본다. 일이 아닌 무엇인가에 푹 빠져본 적이 있었나? 그게 무엇일까? 딱히 생각나는 게 없지만 그나마 지금 하는 이 글쓰기이다.

글 쓰기를 시작한지 몇 년 되지 않아서 아직도 어렵지만 한번 시작하면 시간이 빨리 지나간다. 누가 돈을 주겠다고 시킨 것이 아니다. 책을 출간해 인세를 받아보겠다는 생각도 없다. 다만 지나온 일상을 돌아보고 앞으로 어떻게 살아갈 것인지 고민하고 다짐하는 시간이다. 처음이라 서툴지만 의욕을 갖고 뭔가를 노력하고 싶을 때, 그 마음을 가지고 글로 쓴다. 만보 걷기를 그렇게 시작했고 아침 스트레칭과 수영 루틴도 지금까지 하고 있다. 글은 나에게 새로운 의지를 가지게 한다. 아내에게 '사랑해'라는 말을 자주 표현하고 싶은데 뜻대로 되지 않을 때, 그것을 글로 표현하면 그렇게 하려는 의욕이 생기고 행동하게 한다. 결국 내 감정과 의지를 표현하고 스스로 다짐하는 방법이 글쓰기이다. 근데, 나의 타고난 성격과 오랜 습관이 가끔 나의 의지를 뒤에서 붙들기도 한다. 성격 테스트를 통해 그것을 알 수 있다.

MBTI와 같이 사람의 성격을 어떤 틀에 넣어 범주화하는 것을 난 그다지 좋아하지 않는다. 사람의 성격을 어떻게 16가지로 정형화할 수 있다는 말인가? 설령 있다 손치더라도 그 틀 속에 갇혀 '난 원래 그래.'라고 스스로 가두는 것이라 생각했다. 워낙 주위에서 얘기를 많이 들었기에 재미삼아 나의 성격을 넣어 보니, I(내향성), N(직관형), T(사고형), J(판단형), 즉 INTJ 속칭 인티제가 나왔다. 책임감이 강하고 인내심이 높고 객관적으로 분석하고 사실에 입각하여 현실적으로 판단하며 자신을 끊임없이 돌아보며 성장하려 한다. 내가 생각해도 비슷하지만 금방 의심이 들었다.

이건 너무 좋은 부분만 일반화하여 누구에게도 적용할 수 있거나 혹은 누구나 이렇게 되고 싶은 성격을 나열해 놓은 것은 아닌가 하고 신뢰가 가지 않았다. 누구에게나 적용될 수 있는 애매한 성격을 마치 진짜 자기 얘기처럼 믿게 만드는 '바넘 효과'[1]를 이용한 것이 아닌가? 점괘를 듣고 '나를 꿰뚫어보는 것처럼 들린다'고 하는 것과 같은 현상이다. 난 오히려 인티제의 단점을 보면서 조금은 신뢰가 갔다. "감정 표현이 서툴고 융통성이 없다는 말을 들을 때가 많고 혼자 있기 좋아해서 사교적이지 않고 남들이 속을 모른다고 자주 말한다."라는 결과를 보고 나와 똑같다고 생각했다. 그럼에도 불구하고 MBTI는 인간이 가진 고유한 개성을 너무 일반화하기에 나는 재미삼아 참조는 하지만 믿지 않는다.

오래 전이다. 외출 준비를 하고 나온 아내의 패션이 그날따라 유독 아름다웠다. "당신 오늘따라 더

---

[1] 바넘 효과란 일반적이고 모호해서 누구에게나 적용 가능한 성격 묘사를 특정한 개인에게만 적용되는 것으로 받아들이는 성향이다. 예를 들어, 점을 보러 온 사람에게 점쟁이가 무슨 우환이 있냐고 물었을 때, '어떻게 알았지?'라고 생각이 드는 상황을 말한다. (출처: 나무위키)

예쁘다"라는 말이 나와야 하는데 습관이 되지 않았다. "처음 본 옷인데 언제 산 거요?"라고 엉뚱한 질문을 했다. 아내의 표정이 심상치 않았다. 난 보기 좋아서 묻는 말인데 그 감정을 제대로 표현하지 못하고 나도 모르게 엉뚱한 질문이 튀어나와 말썽을 일으킨다. 그 순간, 내가 느끼는 대로 "당신 오늘 너무 멋있다! 한 번 안아보고 싶어."라고 하면 될 것을 그만 나도 생각지도 못한 말을 내뱉았다. 아내는 '언제 산 것이 그렇게 궁금해?'라는 표정으로 "벌써 2년 전에 샀는데 지금 알았어요?" 난 그제서야 정신을 바짝 차리고 "세련되고 멋있어요~~"라고 말하며 겨우 위기를 넘겼다. 나의 습관적인 감정 표현이었다.

사실 누구나 가지고 있는 감정표현이 서툴다는 점을 극복하려고, 나는 "당신 멋있어!", "사랑해~"라는 두 단어를 입에 달고 다니려고 한다. 요즘 난 말이 씨가 되고 글이 열매를 맺을 수 있다는 사실을 몸으로 느낀다. 가정의 행복은 그냥 굴러 들어오지 않는다. 처음에는 어설프고 어색하겠지만 노력하면 가정에 기쁨과 행복이 찾아온다. 자신의 희망사항을 자주 말하고 글로 쓰면 자연스레 의욕이 생기고 습관이 된다. 장담한다.

난 그런 성격이 아니라고 방심하면 큰일난다. 언제든지 남성들이 공통으로 가지고 있는 유전자인 '문제 해결형' DNA가 본능적으로 나올 수 있기 때문이다. 만약 아내가 외출에서 돌아와서 시무룩한 얼굴로 "친구가 말도 안 되는 정치문제를 얘기하더라, 나 참느라고 진짜 짜증 났어."라고 말하면 모든 남자들은 그 문제를 당장이라도 해결하려고 "그 친구랑 다시는 만나지 마! 뭐 하러 만나고 나서 피곤해해? 난 가끔 그런 당신 보면 이해가 안되더라."라고 공감은 못하면서 자신이 문제를 해결한 것처럼 지적질까지 하고는 어깨를 으쓱거린다. 아내는 단지 공감을 얻기 원하였지 문제를 해결해 달라고 요구하지 않았는데 말이다. "응, 그랬구나. 당신 속이 많이 상했겠네? 나라도 짜증이 엄청 났겠다."라고 공감하면 될 것을 자기 스스로 무덤을 파는 꼴이다. 그러면 정말 답이 없다.

또 달리 나의 감정을 표현하는 방법이 뭐가 있을까? 캘리그래피를 그릴 때이다. 나의 생각과 감정을 그림과 짧은 글로 표현할 수 있어 좋다. 사랑하는 사람에게 그 마음을 전하는 글, 힘든 이에게는 위로의 그림, 절망에 빠진 사람에게는 희망을 주는 메시지들이다.

캘리그래피로 그린 결과물을 타인에게 선물로 주는 일은 더 즐겁다. 받는 사람도 역시 기쁠 것이라 믿는다. 그래서 나도 좋다. 더구나 캘리그래피 속의 글과 그림은 내 생각을 구체화할 뿐만 아니라 그 말과 그림대로 살아가도록 희망과 의욕을 나에게 준다. 생각은 바람처럼 날아가지만 글과 그림은 눈으로 보이기 때문인지 마치 땅에 씨앗을 뿌려 꽃을 피우고 열매를 맺게 하는 것처럼 실천하도록 한다.

 작년 가을 즈음, 아내의 60주년 생일을 기념하기 위해 대구에서 올라오신 장모님과 함께 외식을 했다. 지나보니 뭔가 부족했던 것 같았는데 마침 딸이 엄마만을 위해 파티를 하자고 슬그머니 제안했다. 구정을 넘겨 새해가 오기 전, 늦게라도 기념을 하기 위해 딸들과 사위를 호텔 레스토랑으로 초대할 계획을 혼자 구상했다. 요즘 누가 환갑 기념식을 하겠냐마는 그래도 가족과 함께 조촐하지만 근사한 자리를 만들고 싶었다.

 아내에게 특별한 선물을 하고 싶었다. 고민 끝에 전주 캘리그래피 시간에 연습한 생일기념 카드를 만들기로 했다. 내 마음을 담아 선물하고 싶었다. 값비싼 보석보다 사랑하는 마음을 담아주고 싶었다. 아무리 의미를 담았더라도 아둔하게 달랑 그림만 선물할 수는 없지 않은가? 역시 선물 중에 최고는 넉넉하지는 않겠지만 봉투와 함께 선물하는 것일 게다. 책상에 앉아 집중해서 캘리그래피를 그리고 있는데 그날따라 아내가 서재로 들어온다. 그림에 정신이 빼앗겨 아내가 들어오는 줄도 몰랐다.

"당신 뭐해요?" 묻는다. 평소보다 눈이 두 배가 커진 눈동자를 난 놓치지 않았다. 환한 얼굴로 "당신 60회 생일 기념으로 선물을 만들고 있지요, 당신 사랑하는 마음을 듬뿍 담아서~"라고 하면서 60회 생일 선물과 근사한 가족 모임 계획에 대해 얘기했다. 아내의 표정이 밝아지고 입가에는 미소가 번진다. 내 마음까지 따뜻해지고 기쁘다.

그리고 며칠 후, 아내와 함께 외출을 하려고 준비하는데 아내가 벌써 옷을 입고 거실에서 기다리고 있었다. 디자인이 색다르고 보기 좋았으나 너무 눈에 확 들어오는 느낌이었다. 그 변화에 좋은 느낌은 모두 뒤로 하고 또 엉뚱한 소리부터 했다.

"옷이 조금 튀는 거 아녀요?" (좋은 뜻으로)

.

.

.

.

.

.

(감정표현을 제대로 못하고 내 무덤을 내가 또 팠다… ㅠ)

HAPPY BIRTHDAY ♡

Janghee Kim

일상의 소중함 - 캘리그래피

첫 수업시간이었다.

처음은 언제나 긴장이 된다. '이 나이에 내가? 괜찮아, 잘 할 수 있을 거야. 이 나이가 어때서?' 혼자 되뇌었다. 새로운 것을 배우는 일은 늘 낯설지만 약간 설레기도 한다. 교실 안으로 들어서니 카페에 온 것처럼 재즈 피아노 곡이 부드럽게 그 안을 채우고 있다. 일단 마음이 차분해지고 왠지 느낌이 좋았다. 한쪽에서는 수강생들이 모여 감상평을 나누는 듯 조금은 소란스럽다. 가까이 가본다.

"어머머~ 너무 예뻐요…!"

한 수강생이 약간은 과장된 톤으로 감탄한다.

"어쩜 이렇게 잘했어요?"

선생님 역시 같은 반응이다. "나도 더 잘하고 싶어요~" 나 같은 신입회원이 부러워한다. "고마워요, 칭찬해 주셔서…" 그림을 그린 수강생이 부끄러운 듯 대답한다. 이런 분위기는 처음이다. 마치 어린아이들이 모여서 노는 듯한 느낌이어서 좋다.

집 근처, 청소년수련관에서 열리는 수업이다. 아침에 강의실에 들어가면 서로 인사하며 자신이 일주일 동안 그린 작품을 내놓고 즉석 품평회를 한다. 물론 하고 싶은 사람만 한다. 해도 그만, 안 해도 그만이다. 재작년 2월 시작한 〈감성수채 캘리그래피〉 수업이 어느덧 2년의 시간이 되었다. 한 시간 수업이 언제 지나 가는지 모르게 느껴진다. 어느새 고급반으로 승급이 되었다. 선생님이 매번 새로운 소재를 가져와 지루할 새가 없다.

오늘은 오랜만에 수채 물감으로 그림을 그리고 글씨도 쓴다. 물론 선생님이 먼저 어떻게 그리는지를 설명하면서 시범을 보인다. 미리 액자로 만들어 가져온 그림을 보고 사진을 찍으면서 그림과 글씨의 분위기를 익혀야 한다. 선생님이 그리는 동안 유심히 관찰한다. 붓끝에 강약의 힘이 실리며 마치 음악처럼 리듬을 타고 글과 그림을 그린다. 나도 연필로 스케치를 하여 밑그림을 그리고 본격적으로 물감을 개어 붓으로 그림을 그린 후 빈 공간에 글씨를 써서 마무리한다.

붓끝이 직접 화폭에 닿을 때 그 사각거리는 감촉이 좋다. 붓을 놀리면서 그리고 있으면 신비한 느낌이 든다. 물론 아직 서툴러서 연필 스케치부터 제대로 되지 않아 몇 번을 지우고 다시 그린다. 그림과 글씨에 집중하니 몰입의 즐거움을 느낀다. 물감색을 섞으면서 색깔의 미묘한 변화와 원하는 색을 찾았을 때의 성취감도 있다. 음영을 넣고 덧칠하면서 그림이 완성되어 간다. 그림을 완성하고 그것을 조금 거리를 두고 볼 때, 내 눈에만 보이는 그 아름다움에 스스로 흐뭇해하면서 작은 미소를 짓는다.

짧은 시간에 뭔가를 완성했다는 설렘이 몸 전체에 퍼진다. 말로 설명할 수 없는 감정을 그림과 글씨로 풀어낸 것 같아 즐겁다. 아직 부족한 부분이 많지만 그림을 그리고 글씨를 쓰는 과정이 긴장되면서도 재미있다.

이런 느낌? 오랜만이다!

선생님이 다음 시간에 나무젓가락을 준비하라고 한다. '나무젓가락으로 무엇을 하려고? 젓가락으로 어떻게 붓글씨를 쓸까?' 호기심이 생기면서 궁금해졌다. 수업시간에 젓가락 끝을 뾰족하게 만들라고 하였다.

'젓가락 끝으로 쓴다고?'
'오호라…?'
'이렇게 다양한 소재를 이용하여 작품을 만드는구나…!'

나도 젓가락 끝을 칼로 다듬고 먹물을 묻혀 그림을 그리고 글씨까지 넣었다. 그릴 때의 그 터치감이 색달라 좋다. 젓가락 끝에서 온몸으로 전달되는 그 '싸각싸각~~?' 하는 느낌이 좋았다.

근데, 캘리그래피 - 무슨 뜻일까? '아름답다'는 그리스어의 Kallos에서 유래한 'Calli'와 이미지나 글자의 표현기법을 뜻하는 'Graphy'의 합성어로, 글자를 예술로 승화시킨 문자예술을 의미한다고 구글에 나와있다. 아름다운 서체라는 뜻을 가진 캘리그래피라는 단어가 기억에 남는 이유는 스티브 잡스 때문이다.

스티브는 대학에 입학했지만 수업의 가치를 느끼지 못하고 자퇴하고 같은 대학에서 개설한 캘리그래피 수업을 들은 후, 애플에서 아름다운 서체를 탄생시킬 수 있었다고 했다. 캘리그래피 수업을 통해 애플이라는 이미지를 창조해 낸 것이다.

 아름다운 서체에 감성수채까지 더해진다고 상상하니 호기심이 더 생겼다. '글씨와 수채화를 한꺼번에 할 수 있다고?' 그때 내 마음 속에 부정적인 생각이 떠오른다. '이 나이에 뭘 새로운 걸 배워? 그냥 생긴 대로 살아...!' 나 스스로 포기하려고 하다가 갑자기 궁금하고 호기심도 생겼다. 아름다운 글자는 도대체 어떤 것일까? 잘해야 한다는 압박없이 자유롭게 그 아름다움을 느끼고 표현하고 싶었다.

 '일단 한번 해보지 뭐, 배워보고 싫으면 그만두면 되지'라는 마음으로 첫 수업에 들어갔다. 예전에 서예 시간에 배운 것과 비슷하지만, 붓이 아니라 붓펜으로 선 긋기 연습을 한 시간 하고 끝났다. 역시 기초는 힘들다. 지루한 시간이 흘렀다. 건너편에서 물감으로 뭔가를 열심히 그리고 있어 가까이서 보니 말 그대로 감성수채 캘리그래피였다. 총무로 봉사하며 수강하는 분께 조심스레 물었다. "얼마나 하면 그렇게 잘 그릴 수 있나요?"

"금방 이렇게 그릴 수 있어요...!"
"열심히 하신다면..."

용기가 생겼다. 내가 머릿속으로 그렸던 그림과 글씨가 조화롭게 구성된 아름다운 서체였다. 그렇게 2년의 시간이 흘렀다. 아침에 캘리 수업시간이 끝나고 난 후 친구에게서 카톡이 왔다. 근황을 얘기하면서 〈캘리그래피〉를 언급하다가 오늘 그린 작품을 카톡으로 보냈다. 자랑하고 싶었는데 마침 잘되었다. 물론 가족 카톡 방에도 함께 보낸다.

친구와 가족들의 반응이 온다.

"와우!"

물론 나를 격려하기 위한 멘트인지 알지만 그래도 기분이 좋다. 딸들과 함께 사위에게서도 응원 메시지가 온다.

"물고기인가요...? ㅋㅋㅋ"

"오, 책 표지 같아요!! 예뻐요!! ㅎㅎ"

요즈음 이 시간이 기다려진다. 최근에 무엇인가를 하고 싶어 이렇게 기다린 적이 없었다. 그림을 그리는 단순한 작업에서 시각과 촉각, 감정과 창의력이 조화롭게 어우러지는 매력이 있다. 이 과정에서 오는 기쁨은 그동안 느끼지 못했던 심미적 경험이 아닌가. 누군가 "그 나이에 무얼 또 배우냐?"고 핀잔을 줄지라도 난 배우고 싶다.

아침에 일어나면 오늘은 '무엇을 하면서 보낼까'라는 생각이 들었던 때가 있었다. 무엇을 하면서 시간을 죽일 것인가, 고민하는 순간에 삶은 싱거워진다. 한 번뿐인 인생, 맛깔 나게 살아야 하지 않을까? 일상의 삶에서 의미와 즐거움을 찾아야 한다. 내 삶의 주도권을 세상의 흐름에 넘기는 순간 삶은 지루해지고 행복은 사라진다. 행복과 비슷한 말은 '일상의 재미'라고 생각한다.

행복은 강도(強度)가 아니고 빈도(頻度)라고 하지 않았는가? 일상의 삶에서 즐거움을 느껴야 행복할 수 있다. 행복의 반대말은 불행이 아니라 '따분함'이라고 했다. 무기력이 학습되듯이 행복도 일상의 삶에서 학습이 필요하다. 학습을 하려면 시간과 에너지를 쏟아야 한다. 세상에 공짜는 없다. 취미를 즐길 수 있는 수준이 되기 위해서는 노력과 훈련이 필요하다. 산행, 골프, 수영, 테니스 등 어느 하나를 즐기기 위해서는 오랜 훈련과 인내가 필요하다. 제대로 즐기려면 리듬을 탈 수 있어야 한다. 그 리듬감을 잡는 순간부터 즐길 수 있다. 지난 30년 동안 수영을 하면서 최근에 겨우 그 리듬감을 터득했다. 몸의 중심을 잡고 좌우 몸의 균형과 호흡을 맞추며 물살을 헤치면서 수영할 때 느끼는 조화로운 리듬이 있다. 말로는 그 느낌을 제대로 설명할 길이 없다.

캘리그래피 역시 마찬가지인 것 같다. 선생님의 붓끝을 관찰하면 붓의 흐름이 리드미컬하게 진행된다. 글자와 글자사이에 서로 밀고 당기는 긴장감마저 생긴다. 역시 고수다. 나도 붓끝에서 오는 필압의 강약을 느끼며 마치 음악의 선율처럼 리듬감을 느끼며 작품을 만들고 싶다. 2년의 시간이 지난 지금 리듬감이 조금씩 손에 익는다. 나만의 방식으로 아름다움을 표현하면서 그 창조의 과정을 즐기고 있다. 내 삶 자체를 예술로 승화할 수 있을까?

창으로 들어오는 햇살에 빛나는 동백꽃에 감탄하고, 춥고 시린 겨울 창밖의 풍경을 보며 커피 한잔의 향을 음미하는 순간에도 아름다움을 향유할 수 있지 않을까? 숨을 쉬는 동안에는 배우고 익혀서 아름다움을 마음껏 누리기를 원한다. 이는 실용학문을 배우는 대학과 대학원을 졸업했다고 결코 터득할 수 있는 것이 아니다.

"배우기를 멈추는 사람은 스무 살이든 여든 살이든 늙은이다. 계속 배우는 사람은 언제나 젊다." 헨리 포드의 명언이다.

내 딸들, 세상 누구보다 사랑스러운

새벽에 잠에서 깨어 뒤척이다가 문득 브런치를 보았다. 가끔 일찍 깨면 '밀리의 서재'에서 책을 읽거나 브런치에서 글을 보다가 다시 잠이 들곤 한다. 나에게 책은 수면제 역할을 한다. 〈슬픔의 얼굴〉이라는 글을 읽는다.

수필가이자 문학평론가인 작가가 엄마의 일주기를 앞두고 기억을 더듬어 엄마를 회상하는 글이다. 작가의 엄마는 세상을 떠나기 3년 전까지도 서예와 집필활동을 왕성하게 하시던 분이었다. 그런 엄마가 어느 날부터 인지기능이 떨어지면서 문자를 보내도 오타가 많았다. 하지만 뜻은 정확하게 읽을 수 있었던 글이 있었다. 두 단어의 문장이다.

"내 딸아"

생전 듣지 못했던 "내 딸, 이쁘다"를 문자로 보내시면서 미소를 지으셨다고 한다. 이 글을 보면서 눈물이 왈칵 쏟아졌다. 아직 캄캄한 어둠 속에서, 혼자서 베개를 눈물로 적셨다. 돌이켜본다. 나는 언제 딸에게 "내 딸, 이쁘다" 라는 말을 했을까? 기억이 없다. 지난번에 만났을 때에도 그냥 "왔니~?"라는 인사만 서로 주고받았다. 이번 주에 만나면 꼭 말해주고 싶다.

딸을 안아주면서 "내 딸, 참 이쁘다."라고 할거다. 왜 그 순간 감정이입이 되면서 눈물이 났을까? 내 마음 깊은 곳에 숨어있었던 엄마에 대한 감정이 솟아올랐던 것이다. 김소월의 시 〈엄마야 누나야〉로 만든 동요도 생각났다. 어릴 때부터 이 노래를 들으면 슬픔과 함께 아득한 꿈 속에서의 이상향을 바라보는 느낌이 들었다.

엄마야 누나야, 강변 살자
뜰에는 반짝이는 금모래 빛
뒷문 밖에는 갈잎의 노래
엄마야 누나야, 강변 살자

노래를 떠올리니 이 새벽에 또 눈물이 난다. 요즘 눈물이 잦지만 이제는 그 감정을 참지 않고 쏟아낸다. 나는 도시에서 태어나 '뜰에는 반짝이는 금모래 빛'을 볼 수도 만질 수도 없는 도심 골목길에서 자랐다. '뒷문 밖에는 갈잎의 노래' 역시 내가 경험할 수 없었던 풍경이었다. 내가 갈 수 없는 금모래 빛 뜰에서, 들을 수도 없는 갈잎의 노래를 들으며 상상하며 꿈꾸고 있었던 것은 아닐까?

지금도 세속에 찌든 나에게, 잊고 살아온 어렸을 때의 소중했던 추억을 떠올리며 혼자 흥얼대곤 한다. 이 노래를 부르면 그리움과 함께 왠지 꿈같은 희망도 밀려와 힘이 솟는 기분이 든다. 우리는 더 이상 강변의 금모래 빛을 보면서 살 수 없다는 것을 너무나 잘 알고 있기 때문일까? 마음 속으로 노래를 부르다 보면 어느덧 마음은 가라앉고 마치 엄마와 누나와 함께 강변에 살고 있는 것 같은 행복한 착각이 들 때도 있다. 이 노래가 떠오를 때면 늘 오래전 세상을 떠나신 엄마가 생각난다.

국민학교(지금은 초등학교) 때 학부모 수업 참관의 날이었다. 엄마는 항상 꽃무늬가 있는 연녹색의 비로드

한복을 입고 오셔서 교실 뒤에 서서 수업을 지켜보곤 하셨다. 엄마가 오신 걸 보고 나면 기분이 좋았다. 가끔 뒤를 힐끔 돌아볼 때면 다른 친구의 젊은 엄마와 비교를 하곤 했다. 내가 막내란 사실을 잊고 '왜 내 엄마는 친구 엄마처럼 젊고 세련된 양장을 입지 않을까?' 하는 생각을 했다. 수업이 끝나고 집에 돌아오면 엄마는 내게 똑같은 질문을 하곤 했다.

"니는, 수업시간에 다른 애들처럼 손들고 질문을 왜 안 하노?" 엄마는 막내아들이 더 적극적으로 공부하길 바랐던 것이다.

"다 아는데 왜 무할라꼬 물어 보노?"라고 퉁명스럽게 쏘아붙이면서 교실 안에서 쌓였던 감정을 엄마한테 내지른다. 엄마는 나의 속을 아는지 모르는지, "아이구 우리 막내, 대단하데이...!"하고 날 추켜세운다.

난 속으로 '뭘 궁금해야 물어보는 둥 하지.' 하면서 픽 웃어버린다. 지금 생각하니 엄마는 내성적인 나를 잘 알면서도 더 다그치지 않고 힘을 내라고 격려하신 것이다. 아직도 그때의 아쉬움이 기억에 선명하다. 엄마에게 좀 더 다정스레 얘기할 걸. 그랬던 내가 지금은 교실에서 학생들에게 자꾸 질문하라고 요구하고 재촉하기도 한다. 학생들은 그때의 나 같은 표정을 하고 내 시선을 외면한다. '궁금해야 물어보지?'라는 투로. 그 엄마가 지금 보고 싶다. 또 다른 기억도 난다. 누나 생각이다.

 초등학교 고학년으로 올라가면서 생일날 아침마다 항상 내 머리맡에 뭔가 놓여 있었다. 잡지책인 『새 소년』 『어깨동무』 『소년중앙』 등이 해마다 놓여 있었다. 누나가 준 생일 선물이다. 너무 기뻤다. 그 잡지는 나에게 글에 대한 재미와 함께 꿈도 심어주었다. 연재만화, 시사, 과학, 교육 등의 내용을 며칠에 걸쳐 읽었다. 그림과 활자로 된 모든 게 재미있었다. 별책 부록까지 샅샅이 읽었다. 어린 내게는 그 책 속에 새로운 세상이 있었다.

 누나는 집 뜰에 있던 봉선화를 따다 풀잎과 함께 짓이겨서 내 손톱 위에 올려놓고 고무줄이나 실로 묶어 주었다. 그리곤 다음날까지 기다리면 놀라운 일이 일어난다고 했다. 이튿날, 손톱이 붉게 물든 것을 보고 즐거워했던 기억도 있다. '붉은색은 악귀를 물리친다.'라고 나를 꼬드기면서 손톱을 물들였던 것이다. 나에게 여성성을 많이 심어준 누나였다.

 엄마와 누나에 대한 기억이 많이 난다. 누나에게 전화해서 안부를 전하고 싶어 바로 전화했다. 한 시간 이상을 옛 시절의 이런저런 얘기를 나누면서 한바탕 떠들고 웃었다. 만약 '내일 전화하지'라고 미루었으면 결국 하지 못했을 것이다. 보고 싶을 때 연락해야 한다. 그때 즐거웠고 고마웠다는 마음을 전하니 기분이 좋다.

 나이가 들면서 그동안 마음속으로만 쌓아 둔 감정 표현을 더 적극적으로 하려고 노력한다. 말과 글로 표현해야 상대방은 그 마음을 이해한다. '내가 얘기하지 않아도 상대가 내 마음을 알아주겠지.'라는 기대는 오판이다. 인간은 본능적으로 자기 중심적이고 우주의 중심은 '나'라는 생각이고, 상대도 마찬가지로 자신의 감정을 먼저 알아주기를 바랄 뿐이다. 더 늦기 전에 사랑한다고, 고맙다는 말을 전해야 한다. 누군가 '딸바보 아빠'라고 놀려 대도 딸에게 꼭 전해주고 싶은 말,

 "내 딸, 참 이쁜 내 딸들"

 지난 캘리그래피 수업시간에 "엄마 사랑해" 라는

글귀를 선생님이 가져왔다. '엄마' 대신에 지금 내 곁에서 가장 소중하게 생각하는 사람을 넣어도 좋을 것 같았다. 그래서,

'여보 사랑해'

라는 글을 넣고 그림을 그렸다. 아내에게 사랑한다는 말, 얼마만인가? 그동안 아내에 대한 감정을 제대로 표현하지 못했다. 이번 기회에 낯설고 어색하지만 사랑받는 남편이 되기 위해 과감히 캘리그래피로 표현하고 내 마음을 전하고 싶다. 자꾸 표현해야 익숙해진다. 아니면 후회할 것 같다. 마음속으로만 생각하면 상대는 모른다. 부부 간이라도 마찬가지다. 딸과 사위한테도 처음에는 조금 어색하더라도 말과 글로 표현해야 한다. 나이가 들수록 더 적극적이 되는 이유는 무엇일까?

나중에 '그때 그랬을 걸' 이라고 더 이상 후회는 하고 싶지 않기 때문일 게다.

사랑해 내 딸,

여보 사랑해.

.

.

.

.

독자들의 반응은 어떨까?.

어떤 독자들은 "왜 조용한 가정에 평화를 깨느냐?
지금까지 감정 표현을 하지 않아도 평생 같이 살았잖아?
새삼스럽게, 갑자기 그런 말을 하면 아내가 혹은 딸이 날
보고 어디 아픈 줄 알 거야. 난 안 해!!"

또 다른 독자는,

"그래 그동안 같이 살면서 감정 표현이 너무 서툴렀지.
이번 기회에 한 번 말해 볼까? 일상에서 아주
평범한 날에 슬쩍 해 볼까? 아니면 이번에 다가오는
결혼기념일이나 생일날에 할까?"

"어색해서 못 하겠다"는 이유는 아직 안 해봤기 때문이 아닐까? 아들한테는 더더욱 힘들다고? 아들은 자주 가슴으로 세게 안고 어깨를 토닥거려주면 되지 않을까? 지금까지의 익숙함에 길들여진 습관에서 잠시 벗어나

가끔 낯설고 새로운 마음으로 아내와 딸, 그리고 사위를 바라볼 수 있으면 좋겠다. 마치 처음 만나는 느낌으로 말이다. 물론 말 한마디로 관계가 달라지지는 않겠지만 내가 먼저 멈춰서 "사랑해"라고 말하고 포옹하는 순간 그 말을 계기로 부부와 가족관계에 햇살이 스며드는 틈이 생길 수 있다. 우리 함께 한번 시도해 보면 좋겠다.

사랑 여보 사랑해

아프지 말고 건강하게
오래오래 우리곁에 행복하게 계세요
사랑하고 존경합니다 —

Eom Jae Kyum

익숙하지만 낯선 진리 - 복리의 마법

 한동안 보지 못한 친구를 만났다. 얼굴이 조금 거칠하고 야위어 보인다. 점심으로 칼국수를 주문하고 식탁을 앞에 두고 안부를 물었다. 그동안 소식이 뜸해서 다시 얼굴을 본다. 친구가 한숨을 내쉰다.

"휴우~ 사는 게 힘드네"
"뭐 다 그렇게 버티면서 살아가지~"
"평균수명이 80세 이상이라는데 그때까지 이렇게 살아야 하나?"
"예전 같으면 70세였으니, 이제 얼마 안 있으면 죽을 나이라 오히려 괜찮을 듯했는데…"
"휴우~~"

 카페로 자리를 옮겨 계속 이야기를 나눴다. 커피를

마시면서 친구의 하소연을 들어주는 것이 유일하게 내가 친구를 도울 수 있는 일이었다. 헤어질 때는 기분이 몹시 착잡했다. 생계까지 걱정해야 하는 것은 생각보다 더 잔인하다.

젊을 때는 누구나 열심히 일하면 생활에 필요한 수입이 들어올 것이라는 막연한 기대를 하기 쉽다. 수입이 많아질수록 이런 착각이 더 심해진다. 영원히 나에게 수입이 생길 것이라는 착각이다. 친구도 대기업에서 잘 나갔을 때는 그랬을 것이다. 나 역시 같은 생각으로 살았다. 자신이 가장 많이 벌 때의 수입만 머리에 남아있어 돈이 들어오는 대로 써버린다. 언제든지 또 들어온다고 생각하기 때문이다.

이게 큰 착각을 일으킨다. 나이가 들고 노동시장에서 효용가치가 떨어지면 수입도 당연히 줄어든다. 수입이 어느 순간 끊기기 시작하면 불안해지기 시작한다. 게다가 퇴직금 중간정산제도가 있어 특별한 사유와 요건만 갖추면 중간에 퇴직금까지 미리 받을 수 있다. 이런 저런 이유로 돈을 차곡차곡 모을 여유가 없다. 특히, 우리나라는 공적연금의 수준이 생활비에 보태 쓰기에는 턱없이 부족하기 때문에 자신이 준비하지 않으면 노후에 빈곤층으로 떨어질 수밖에 없다.

돈을 모으는 것이 이렇게 힘들다. 선진국에서는 국가가 나서서 공적연금제도를 통해 젊을 때 돈을 쌓아둘 수밖에 없도록 유도했다. 노후생활을 걱정 없이 살 수 있도록 국가가 미리 세금으로 많이 확보하거나 개인연금을 활성화했던 이유이다. 사람은 반강제로 미래를 위해 저축을 유도하지 않으면 눈에 보이는 대로 써버리는 습성이 있기 때문이다. 인간은 생각보다 비합리적이고 감정의 지배를 많이 받는다.

주위에서 누군가 주식이나 코인으로 돈을 벌었다는 얘기를 듣는 순간 '나도 벌고 싶다'는 욕심이 생긴다. 유튜브 채널에서 들끓는 소리에 지금 사지 않으면 가만히 앉아서 벼락 거지가 될 것 같은 불안감이 찾아온다. 욕심을 내어 샀다가 조금이라도 떨어지면 그 때부터 공포감이 엄습한다. 인간은 수익에서 오는 쾌감보다 손실에서 오는 고통을 훨씬 더 느낀다. 그나마 손실을 줄이기 위해, 아니 본능적인 공포감에 의해, 팔지 말아야 할 때 팔아버린다. 결국 사야할 때 사고, 팔아야 할 때 팔 수 있어야 수익을 올릴 수 있는 단순한 원리와 반대의 행동을 한다. 손실에서 오는 공포감이 생각보다 훨씬 크기 때문이다. 인간의 본능이기에 알아차리기도 힘들고, 안다고 하더라도 마음처럼 버티기가 더 힘들다.

인간의 마음 속 깊은 곳에 똬리를 틀고 있는 탐욕과 공포라는 이 두 마리의 괴물로 인해, 오랜 시간을 견디면서 생기는 복리의 기적을 누리지도 못한 채 중간에 실패를 하고 다시는 일어나지 못한다.

시간을 견딜 수 있는 사람이 승리자다

오래 전, 창업투자사에서 투자분석 및 심의를 하고 투자를 실행하면서 몸으로 경험한 일이었다. 그 경험을 강단에서 경제성공학 강의를 하면서 '등가교환의 법칙'으로 설명한다. 등가교환을 아주 단순하게 설명하면, 얻고 싶은 게 있으면 그와 동등한 뭔가 필요하다. 그 무엇인가는 바로 '시간'이다. 그 시간을 어떻게 버티면서 보냈는가에 따라 투자의 결실이 결정된다. 시간의 변화에 따라 돈의 가치가 달라지는 '단리와 복리' 개념도 이해할 필요가 있다. 그 차이를 설명할 때 사용하는 대표적인 사례가 있다. 1626년,

네덜란드 이주민이 미국으로 건너가 맨해튼에 거주하는 인디언과 맨해튼을 사려고 거래할 때 당시 가격이 그 유명한 24달러 수준이었다. 그 가격을 지금의 현재가치로 계산할 때 단리와 복리 계산법에 따라 얼마나 극명하게 차이가 나는지 보여주는 예이다. 단리 연 8%로 계산하면 2013년 기준, 현재가치로 약 743달러, 이자에 또 이자가 쌓이는 복리로 같은 이율로 계산하면 206조 달러가 된다. 엄청난 차이가 난다. 아래 그림에 나타난 대로 시간이 지나면서 차이가 나는 것을 보여주고 있지만 사실 실감하기는 어렵다. 근데 이 사례에는 치명적인 문제가 있다.

복리의 힘은 그래프로 금방 알 수 있지만 단리와 어느 정도 차이가 나는지는 계산을 해야 정확하게 알 수 있다. 복리는 승수의 개념이므로 머리로 빨리 계산이 되지 않기에 피부에 와 닿지 않는다. 단리는 암산으로 더하기를 하면 되기 때문에 계산이 쉽지만 복리는 계산이 빨리 되지 않는다. 계산기를 사용하든지 아니면 직접 손으로 계산을 해야 한다. 아래 그래프를 이용하면 단리와 복리의 차이를 대충 설명할 수는 있다. 그렇다고 이해했다고 생각하면 큰 오산이다. 복리의 마법은 몸으로 경험해야 이해한 것이다. 복리의 효과는 마치 중간에 곶감 빼먹듯 하지 않고 버티고 견디는 인내심을 가지고 긴 시간을 겪고 난 후, 그 효과를 실감할 수 있다.

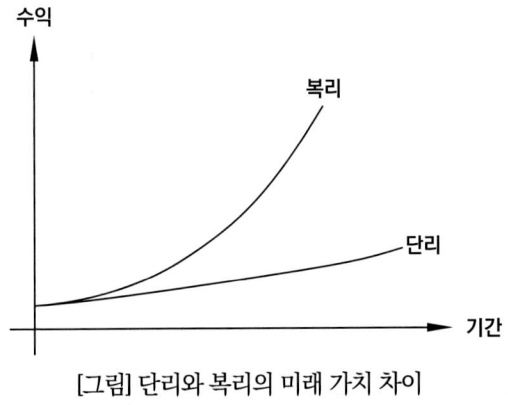

[그림] 단리와 복리의 미래 가치 차이

우리는 직관적으로 이해되면 그냥 쉽게 지나치는 경향이 있다. 복리의 법칙이 바로 그렇다. 경제적으로 살아가는데 가장 중요한 법칙이면서도 빨리 머리로 이해할 수 있어, 알고 있다고 생각하지만 몸으로 체득이 되지 않는다. 몸으로 느끼지 못하는 지식은 힘이 없어 생활에 적용하기 어렵다. 도대체 어떻게 체득할 수 있을까?

유일한 방법은 직접 투자를 하면서 작은 성공과 실패를 자주 하는 방법이다. 맞다, 한번 해 보는 거다. 이것보다 더 좋은 방법은 없다. 인간의 뇌는 작은 시행착오를 통해 습득하는 것을 오래동안 간직한다. 처음 외국어를 배울 때처럼 읽기를 했으면 반드시 말하고 써봐야 그 언어를 습득할 수 있는 원리와 같다. 투자도 마찬가지다. 인간이 가지고 있는 탐욕과 공포감을 직접 경험하는 것이다. 이론으로 아는 것과는 차원이 다르다. 수영을 할 때도 이론을 아무리 배워도 직접 몸으로 겪으면서 물 속에서 물의 저항을 느끼면서 연습하지 않으면 터득할 수 없는 이치와 같다.

자본주의 사회에서 복리의 마법을 몸으로 체득한 사람만이 투자를 통해 돈을 벌 수 있는 확률이 높다. 하지만 불행하게도 복리의 효과를 제대로 이해하는 사람이 많지 않다. 최소한 20년, 30년 이상의 시간이 경과해야 그 효과가 나타나기 때문이다. 중년 후반이나 노년에 와서야 과거를 돌이켜보면서 복리의 효과를 어슴푸레 알 수 있지만 이미 때는 늦었다. 그것 조차도 소수의 사람만이 경험한다. 시간의 흐름을 견디면서 기다릴 수 있는 인내심이 부족하기에 중도에 대부분

투자와 사업을 포기하고 만다.

복리는 시간을 극복하는 과정에서 그 효과가 극명하게 나타난다. 이것이 부동산 투자가 유리한 이유이다. 마음만 먹으면 쉽게 인출할 수 있는 저축과 언제든지 사고 팔 수 있는 주식과 채권은 인내심을 필요로 하지 않는다. 그나마 부동산은 쉽게 매매하기 힘들기에 내 의지와 관계없이 인내심이 생길 수밖에 없으니 자연스럽게 장기투자가 가능하다. 거기에다 변동성마저 작기 때문에 만약 손실이 발생해도 치명적이지 않은 장점까지 있다.

사람들은 많은 무리들이 투자하는 곳을 향해 함께 달려간다. 그렇게 가는 길에는 탐욕만이 있고 인내가 필요 없다. 그냥 소문 듣고 뒤쫓아가면 된다. 나는 그렇지 하지 않을 것이라고 자신하는가? 남들은 뛰어가는데 당신만 혼자 아무것도 하지 않고 지켜보고 서 있을 수 있다고 생각하는가? 아니 상황에 따라서는 그 사람들과 반대 방향으로 뛸 수 있는 용기가 있는가? 지금 자신을 돌이켜 생각하면 그것이 얼마나 힘든 것인지 알 수 있다.

주위 상황과 소문에 휩쓸리면 누구나 다 따라가게

되어 있다. 인간이 본성적으로 가지고 있는 '집단 착각'에 빠지게 된다. 그곳에 절벽이 있는지도 모르고 소문을 듣고 우르르 뒤따라가서 함께 추락하고 만다. 역사적으로 투자에 따른 광풍의 사건들을 보면 이런 현상을 부인할 수 없다. 인간이 가지고 있는 끝이 없는 탐욕과 그 깊이를 알 수 없는 공포감 때문이다.

이런 이유로 투자를 통해 돈을 버는 사람은 소수일 수밖에 없다. 복리의 마법은 오랜 인고의 시간을 필요로 하기 때문이다. 경제와 금융, 그리고 인간 심리에 관한 지식도 필요하지만 참고 버틸 수 있는 인내가 없으면 얻을 수 있는 것은 결코 없다. 오죽했으면 투자는 누가 더 버티는 게임이라고 했겠는가? 돈을 모으고 벌기는 상대적으로 쉬워 보여도 그것을 지키는 것이 더 어려운 이유이다. 돈을 모으는 것에만 복리의 효과가 발생할까?

배움을 통해 얻는 지식과 그 지식을 바탕으로 지혜를 쌓는 것, 국가차원의 과학기술력을 쌓아 올리는 것도 축적의 시간이 필요하다. 헬스장에서 근육을 키우는 것, 운동을 꾸준히 하면서 건강을 유지하는 것, 심지어 일상에서 타인과 세상을 바라보는 마음의 태도와 생활

습관에서도 복리의 마법이 일어나기 위해서는 지난한 시간이 필요하다. 그렇지 않은가? 또 다시 등가교환의 법칙이 나온다.

'세상에 공짜 점심은 없다.'

낯선 개념 – 금융소양

 이번 학기는 유난히 힘들다. 강의시간에 학생들의 얼굴에서 표정을 읽을 수 없다. 모두 무표정이다. 그동안 마스크 속에 가려졌던 얼굴을 노출하니까 학생들이 상당히 불편해하는 것 같았다. 마스크가 너무 익숙해졌나? 코로나 팬데믹으로 인해 고교시절 비대면으로 수업한 결과인지 모르겠다. 학우들과 서로 얼굴을 보면서 공부하고 함께 운동할 시기에 각자 집에서 온라인으로 혼자 수업을 들었으니 사회성을 익힐 기회가 적어서 그럴까?

 강의 첫 시간이었다. 학생들의 감정을 끄집어내기 위해 웃으면서 인사해도 별 반응이 없다. 무슨 얘기를 해도 표정이 없다. '이를 어쩌지?'

순간 궁리를 한다. 강의 주제는 〈경제성공학〉이라 다소 딱딱할 수밖에 없다. 분위기를 조금이나마 부드럽게 하기 위해 자기소개를 간단하게 시켰다. 그랬더니 진짜 간단하게 어디에 사는 누구입니다. 그것으로 끝이다. 이번 학기는 상당히 힘들 것 같다는 느낌이 든다. 이왕 힘들 것이라면 첫 시간부터 조금 무거운 주제로 강의를 시작한다.

'우리는 왜 공부하는가?' 다소 도발적인 질문을 파워포인트를 이용하여 던진다. 학생들의 눈에 갑자기 초점이 더 사라진다. '철학시간도 아닌데 이상한 질문을 하시나요?'

'왜 공부하냐고요?'
'해야 되니까 하는 거죠'
'부모님이 하라고 시키니 이렇게 와 있는 거지요'

학생들의 얼굴 표정에서 벌써 혼란스러운 마음을 읽을 수 있다. "내 삶의 주인으로 살기 위해서 공부해야 합니다." 라고 목소리를 높이니 학생들은 더 혼란스럽다는 표정이다. '오늘 교수님이 아침부터 이상한 말을 자꾸 하시네?' '내 삶의 주인은 당연히 나지!' '그걸 누가 모르냐고요?' 반항하는 눈빛이 보인다.

"자본주의 사회에서 내 삶의 주인으로 살려면 돈이 필수적으로 필요하기에 돈을 벌기 위해 공부해야 합니다!"라고 단도직입적으로 말한다. 학생들의 얼굴이 점점 더 창백해진다. '교수가 이렇게 노골적으로 학업과 돈을 엮어서 얘기를 해도 되나?'라는 표정을 한다. 이때 더 이상 뜸을 들이지 않고 내 의견을 밀어붙인다.

"우리는 솔직해질 필요가 있다고 생각합니다. 누구보다도 돈을 원하지만 돈 얘기를 하면 탐욕스럽다고 인식하는 사회 분위기 속에 살고 있다는 사실을 알아야 합니다. 우리는 돈에 대해 아주 이중적이고 이율배반적인 태도를 보여주지요. 그래서 부자를 보면 속으로는 부러워하면서 겉으로는 경멸합니다. 어린 시절, 돈에 관심을 보이면 부모님은 "이딴 것에 대해 신경 쓰지 말고 공부나 열심히 해!"라고 하면서 돈에 대한 교육을 받을 기회를 잃어버렸지요. 부모세대도 배우지 않았기 때문에 어떻게 가르쳐야 할지 모릅니다. 그렇다고 학교에서 돈, 즉 금융에 대해 배운 적이 있나요?"

"돈 교육을 받은 적 없습니다!"

"이 사실을 꼭 알아야 합니다. 우리는 자본주의 세상에 살고 있습니다. 자본주의의 핵심은 자본 즉, '돈' 입니다. 세상 사람들 모두 자기 스스로 결정하고 행동하는 자유를 누리면서 행복을 추구하기를 원하지요. 인생을 사는데 자기 결정권이 무엇보다 중요하다는 얘기입니다. 돈이 없으면 자신이 하고 싶은 것을 할 기회를 박탈당합니다. 교육의 기회도 없고 돈을 벌 기회마저 사라집니다. 조선시대에만 노비가 있는 것이 아니라 현대를 살아가는 지금도 자기 결정권을 잃어버리면 노예 생활을 할 수밖에 없습니다. 자기 결정권을 가지려면 우선적으로 경제적 독립을 해야 합니다. 경제적 독립을 하려면 어떻게 해야 할까요?"

내 목소리가 점점 높아진다. 근데 학생들의 반응은,

묵묵부답이다.

정적이 흐른다.

이 불편한 정적감을 이겨내야 한다. 이 순간에는 나 역시 대답을 듣기 원하는 것이 아니다. 생각할 시간을 주기 위함이다. 한참 뜸을 들이다 학생들의 눈을 마주 본다. 이제 내가 말을 꺼낼 순간이다.

"사회의 성숙한 시민으로 살아가려면 문맹은

당연히 극복해야 할 뿐만 아니라 '문해력'을 가져야 합니다. 글을 읽지만 그 뜻을 이해하지 못하는 현대인이 많아요. 자본주의 세상에서 살아가는데 문해력만큼 중요한 것이 바로 금융에 대한 이해력 즉 '금융소양'입니다. 하지만 우리는 대부분 금융문맹인 상태입니다. 금융에 대해 제대로 배운 적이 없기 때문입니다."

여러분은 금융에 대해 얼마나 알고 있나요? 돈에 대해서 진짜 알고 있을까요? 도전적인 질문을 들이댄다. 학생들 표정이 거의 멘붕 상태다. 이제 서서히 정점으로 올라가야 할 타이밍이다.

"최근 금융에 대한 기본적인 지식도 없는 상태에서 청년들은 부동산을 '영끌'[2]하고 주식이나 가상화폐에 '빚투'[3]를 하면서 순식간에 빚더미에 쓰러지고 맙니다. 사회에서 출발하자 바로 낙오자로 떨어지고 맙니다. 소위 말하는 '루저'가 되지요."

엘런 그린스펀 전 미국 연방준비제도이사회 의장은 "문맹은 생활을 불편하게 하지만 금융문맹은 생존을 불가능하게 만들기 때문에 문맹보다 더 무섭다."라고

---

[2] 영혼을 끌어 모은 대출
[3] 빚내서 투자

경고했습니다.

우리는 계층, 학력, 소득에 따른 금융지식의 격차가 심하고 그 차이가 미래의 부를 결정한다는 사실을 직시해야 합니다. 현실을 정면으로 바라보고 그 방해물을 뛰어넘어야 합니다. 이제는 부드러운 음성으로 학생들을 설득한다.

"여러분은 금융 문맹인이 되고 싶지 않지요? 금융문맹이 되길 원하지 않는다면 본 강의를 충실하게 듣고 소화하면 금융문맹으로부터 탈피할 수 있다는 것을 나는 확신합니다. 아니, 금융문맹 탈출을 뛰어넘어 경제적으로 독립하여 자기 결정권을 누리면서 자유로운 삶을 펼칠 수 있습니다. 그러니 열심히 강의를 들기 바랍니다."

학생들 표정이 심각하고 진지하다. 메시지를 확실하게 머리에 심어주어야 하기에 말을 계속 이어 나간다.

"지금의 나와 여러분은 지난 세월 속에서 나와 여러분이 선택한 총합의 결과입니다. 그 결과가 지금 어떤가요? 불만이 많지요? '부자 아빠 밑에서 태어나지 못하고 그렇다고 뭘 이루어 놓은 것은 없는데, 곧 졸업하면 사회로 발을 내디뎌야 되니까 불안하지요?

나 역시 여러분 나이 시절, 똑같은 불안을 먹고 살았지요."

"자본주의 시대에 살고 있는 현대인에게 '경제적 소양'(Economic Literacy) 혹은 '금융소양(Financial Literacy)은 더 이상 선택이 아닌 반드시 갖춰야 할 필수 능력입니다. 우리는 자신의 삶을 살아가는 동안에는 누구나 금융 문제로부터 자유롭지 못합니다. 주식, 채권, 보험, 펀드, 연금, 파생상품과 같은 금융상품에 대한 투자 지식을 쌓아 나가야 합니다. 친구가 주식으로 돈을 벌었다고 주식투자를 시작하면 안 됩니다. 친척이나 친구가 보험상품을 사라고 권할 때 그것을 제대로 이해하지 못한 채 덜컥 가입하면 안 된다는 말입니다."

'중이 제 머리를 못 깎는다'고 정작 나 자신도 투자에 실패한 경험이 있다. 이 시점에서 그 사례를 학생들에게 털어놓는다. 2010년 초, 보험사들이 보험상품 중에 투자를 하면서 보험도 보장받는 똑똑한 상품이라고 포장하며 변액보험을 적극적으로 마케팅한 적이 있다. 지인의 소개를 받아 보험설계사로부터 온갖 차트를 이용하여 보험상품에 대해 설명을 들었다. 모두 긍정적인 투자 수익율이 된다는 가정하에 시뮬레이션 그래프를 이용하여 높은 수익율과 함께 보험까지 보장받을 수 있다는 달콤한 유혹을 받았다. 그녀는 '손실회피, 미래 불안 자극, 희소성, 사회적 증거 등 온갖 심리적 기법을 이용하여 나를 설득했다.

높은 수익율과 보험혜택까지 받는다면 당연히 높은 위험요소가 포함되었다는 사실을 눈치챘어야 하는데 욕심에 놓치고 말았다. 계약을 덥썩 했다. 몇달간 보험금이 텀벙 텀벙 나가는 통장을 보고 한번 더 상품 내역을 자세히 살펴보았다. 이 상품은 수수료가 높은 구조라 보험 설계사 입장에서는 실적에 아주 큰 도움이 되는 상품이었다. 당시 금리가 상승하고 주식시장이 하락기에 접어들면서 변액보험 수익률이 마이너스를 기록할 뿐만 아니라 손실을 입어도 높은 수수료는 꼬박꼬박 빠져나가고 있었다. 거의 일 년 만에 보험설계사의 끈덕진 만류에도 불구하고 그동안 낸 보험금 일부를 손해보고 해지를 했다. 그 때 왜 그런 판단을 했을까? 나 역시 주위 사람들의 소문과 대중매체가 부추기는 영향도 컸지만 결국 나의 부주의와 과한 욕심이 불러일으킨 실수였다. 보험회사가 거둬들이는 큰 수익 중의 하나가 나처럼 손해보고 해지하는 고객 손실금이 회사의 수익으로 돌아간다는 사실을 나중에 알게 되었다.

나의 쓰라린 경험을 들은 학생들의 눈빛이 달라지는 것이 보인다. 다시 강의로 돌아온다. 물론 열심히 직장 생활하면서 안정되게 살아갈 수 있지만 금융소양이 꼭 필요하다고, 마지막 쐐기를 박아야 한다.

열심히 일해서 버는 근로소득이 중요하지요. 하지만 근로소득만으로 한평생을 살기 어렵습니다. 수명이 길어지면서 내 몸을 이용해 소득을 올리는 시간은 한계가 있어요. 회사에서도 나이가 들면 이제 물러나시죠 하고 '명예퇴직'이라는 듣기에 근사하지만 불명예스러운 방식으로 퇴사를 시킵니다. 젊고 똑똑한 친구들이 계속 올라오는데 이제는 당신이 필요 없어진 거예요. 그러면 어떻게 해야 할까요?

> "자본 스스로 돈을 버는 구조를 알고 그런 자산을
> 만들어야 한다. 쉽게 말하면 돈이 돈을 버는 방식입니다.
> '돈의 수익력 (Earning Power of the Money)'을
> 말합니다."

'돈의 수익력?'

이제부터 학생들이 귀를 쫑긋 세우고 듣는다. 학생들이 집중할 이 때, 본 학과목을 소개할 순간이다.

"경제성공학은 공학에서 투입자본에 대한 경제적 효율성을 판단하기 위한 과목입니다. 투자에 따른 비용과 수익을 고려하여 대안을 분석하고 해석하여 최적의 대안을 선택하는 일련의 과정입니다. 결국 우리가 배우는 이 강의도 돈에 관한 얘기이지요. 이 강의는 일상생활에서 '경제적 사고능력'을 키우는 것이 학습 목표입니다. 중요한 것은 책상에서가 아니라 우리의 삶 속에서 경제적 사고능력을 키우는 거예요. 삶은 곧 경제활동이라 했을 때, 이 선택의 문제는 우리의 일상 활동과 직결되어 있기 때문입니다."

다시 목소리를 돋우며 강조한다.

"인생의 중대한 순간에 결정적인 선택을 해야 하는 시간이 있지요. 직업과 직장, 결혼, 자녀, 저축, 투자활동 등의 선택을 합니다. 나처럼 보험회사 직원의 말만 믿고 변액보험에 가입했다가 바로 후회하게 되요. '설마 유명한 보험회사 직원이 거짓말을 하겠어?'라고 생각해요. 그 사람들은 결코 거짓말을 하지 않습니다. 다만 불리한 사항은 빨리 넘어가고 유리한 부분만을 '호구'들에게 강조해요.

금융을 모르면 그냥 '호구'가 됩니다. 내 주머니에 있는 돈은 내 돈이 아닙니다. 먼저 본 사람이 임자가 되는 것이지요. '내 지갑을 열어놓고 얼마든지 가져가세요'라고 행동한 것이나 마찬가지입니다. 단지 금융에 대해 무지하다는 이유 때문입니다."

나 역시 부끄럽지만 한 때 보험회사의 호구가 되었던 경험을 얘기해 주었기 때문에 학생들이 눈을 반짝이면서 계속 듣는다.

"모르면 합리적인 선택을 할 수 없습니다. 심지어 지식으로 알아도 투자에 대한 철학이 서있지 않으면 실패할 확률이 높습니다. 모름지기 선택에 따른 대가를 최소화해야 해요. 여기서 제일 중요한 부분은 '선택은 다른 많은 대안을 포기하는 것'을 의미합니다. 선택하는 순간 항상 그 대가를 지불해야 합니다."

"세상에 공짜는 없습니다."

"여러분은 시험을 위한 공부보다는 공부하는 방법을 배우면서 자기 스스로 선택하고 책임지는 자기 결정권을 학습하는 것이 무엇보다 중요합니다. 다음 시간부터 함께 '공부하는 방법을 배우는 시간'을 갖도록 노력합시다."

누군가 차분한 목소리로, 교수님!
질문 있습니다. "교수님도 투자를 하시나요?

"아니, 예전에 했지만 지금은 안 하는데, 왜요?"

"교수님, 창업투자사 시절의 투자 경험도 듣고 싶어요"

.

..

나의 창투사 시절의 기업투자 성공과 실패 - 2탄은
다음 시간에 얘기할까요? 벌써 강의 시간이 끝났네요.
다음 시간에 계속하겠습니다...

첫 수업, 이상 끝!

커피 바리스타를 꿈꾸며

 몇 년 만에 시험을 보는 건가? 역시 시험에는 긴장을 하게 된다. 아무리 작은 시험이라도 피시험자가 되는 순간 불안하기는 매 한 가지다. 딸들이 대학입학과 취업 시험을 치를 때 초조하게 기다렸던 기억이 어제처럼 느껴진다. 내가 마지막으로 시험을 치른 기억도 거의 30년 전으로 돌아간다.

 박사학위 과정의 막바지 최종 학위논문 발표 심사 때였다. 발표와 질의응답을 끝내고 논문 심사위원들께서 최종 논의를 하는 동안 나는 옆 세미나실에서 기다리고 있었다. 둘째 딸이 태어난 지 일주일밖에 되지 않아 여러모로 초조했던 기억이 떠올랐다. 지금도 시험 순서에 따라 대기실에서 기다리고 있다. 그동안 함께 공부하고 훈련한 〈핸드드립 홈바리스타〉 과정을 수강하는 동료들이 같이 있다.

나이가 지긋한 수강생 한 명은 긴장을 풀기 위해 미리 시험과정을 직접 시연하는 것처럼 순서대로 소리 내어 〈여성인력개발센터〉 3층 대기실에서 시뮬레이션을 하고 있다. 처음 수강신청을 할 때 '여성인력개발센터'라 조심스레 물어보았다. 여성을 위한 인력개발센터인데 남성도 수강할 수 있느냐고? 전화기 저편에서 건조하게 "상관없어요~"라는 응답을 받았다.

에스프레소 머신을 사용하는 강좌 수강을 원했지만 해당 강좌가 없어 우선 핸드드립 홈바리스타 클래스를 듣기로 했다. 첫 시간, 교실에 들어서는데 예상한 대로 모두 여성들이었다. 30대부터 60대까지 연령대가 다양해 보였다. 마스크를 쓰고 있지만 대충 나이를 분간할 수 있었다. 아주 짧은 시간이었지만 교실에 들어서는 순간, 왠지 내가 있어서는 안 되는 곳에 불쑥 나타난 불청객과 같은 기분이 들었다.

일단 앞에 있는 선생님과 수강생들에게 인사한 후에 자리를 찾기 위해 보니 뒤쪽에 의자가 비었다. 가방을 내려놓고 주위 분위기를 살피면서 기다리는데 젊은 청년이 들어왔다. 그도 잠시 나처럼 두리번거리다 내 옆에 와서 털썩 앉는다. 순간 동지가 생겨 반가웠다. 한편으로는 유일하게 청일점이 되는 순간이었는데 아쉬움도 살짝 남았다.

집에서 자동커피 기계로 즐기다가 어느 날 드립 커피에 맛을 들였다. 아침마다 직접 손으로 분쇄기로 커피콩을 갈아서 마시면 구수한 커피 향이 방 가득히 채워져서 좋다. 하루를 시작하는 아침을 커피 향과 함께 했다. 이왕 커피 맛에 입문한 김에 기초부터 제대로 배우고 싶었다. 또 다른 이유도 있다.

딸이 2년간 파티시에 공부를 한 후 자격증을 취득하고 디저트카페를 오픈한 지 얼마 지나지 않았다. 가끔 매장에 방문한다. 아직 손님이 많지 않아 가게에 앉아 내가 좋아하는 마들렌, 휘낭시에, 티그레 등을 먹고 커피까지 즐긴다. 요즘은 크리스마스와 연말이라 피스타치오 프레지에 케이크도 만들면서 바쁘다.

이렇게 바쁠 때면 아내가 가서 케이크 재료를 챙기면서 도와주고 있다. 나는 커피와 쿠키 맛을 즐기면서 가게

매출에 기여하고 있지만 뭔가 도움이 될 수 없을까 생각했다. 가만히 살펴보니 바쁜 시간대에는 딸 혼자서 하기에 벅차 보였다. 물론 주말에 사위가 도와주고 있지만 말이다. 비상시에 백업을 할 수 있는 인력이 필요할 것 같았다. 특히 한꺼번에 손님이 밀려오기라도 한다면 (그렇게 된다면 정말 좋겠지만) 커피를 내리는 것이라도 도와주면 좋겠다는 생각이 떠올랐다. 이번 기회에 체계적으로 커피에 대해 제대로 공부하고 싶었다. 나도 즐기고 딸에게도 조금이나마 도움을 주고 싶었다.

그렇게 시작한 바리스타 클래스 8주가 훌쩍 지나갔다. 이제 시험을 치르는 날이다. 세 번째로 시험장에 들어가서 우선 앞치마부터 입는다. 웬걸? 긴장을 해서인지 치마 앞뒤를 살피고 있는데 마침 선생님이 등뒤로 와서 입는 걸 도와주었다. "고마워요."하고는 속으로 '앞치마 입는 것도 헤매면 어떡하지…?' 한다.

일단 준비물을 트레이에 놓고 테이블로 가서 절차대로 시작했다. 먼저 커피 여과지를 접어 드리퍼 위에 올려놓고 분쇄기에 원두를 넣고 손으로 돌린다. 거기까지는 무난히 잘했다. 열심히 돌리다가 갑자기 잘 돌아가지 않길래 분쇄기를 조금 흔들었다. 뚜껑이 없는 분쇄기라 원두의 일부가 위로 흘러 탁자 위와 바닥으로 쏟아졌다. 그 순간, '헉...!' 소리가 나왔다.

당황했다. 옆에 있는 수강생은 시험장에 함께 들어오면서 "너무 떨려요~"하던 사람답지 않게 능숙하게 잘 해내고 있었다. 얼른 쏟아져 내린 분량만큼 다시 원두를 채워 넣어 갈기 시작했다. '이건 감점이 클 텐데? 지금부터 잘하지 뭐!' 속으로 다짐한 후, 뜨거운 물을 받아서 서버에 붓고 잠시 식힌 후 본격적으로 드립을 시작했다.

처음 드립은 뜸 들이기다. 원두 표면을 골고루 적셔주어 뜸을 들이면서 서버에 물 몇 방울 떨어지는 것을 확인한다. 약 30초가 지나면 1차 추출을 시작하고 뒤이어 2차 추출까지 무난히 끝냈다. 추출된 양이 원래 요구한 200ml만큼 채워졌다. 감독관에게 "주문하신 드립커피 나왔습니다."라고 어설프게 말했다. 감독관에게 서버에 담긴 커피를 확인을 받은 후 시험은 끝이 났다. 짧은 시간이지만 아주 긴 시간이 흐른 것처럼 느껴졌다. 시험결과는 1주 후에 문자로 발송된다고 한다. 그 자리에서 합격, 불합격을 판정할 수 있는데 왜 기다려야 하지? 아무튼 원두 일부를 쏟은 것을 제외하면 주어진 요구사항을 만족했으니 설마 '열심히 했는데 떨어지기야 하겠어?'하고 스스로 위로했다.

커피의 기초부터 배우고 싶어 왔다가 오랜만에 시험까지 치르고 나니 뭔가 매듭을 지었다는 성취감이 들었다. 자격증을 받는다고 달라지는 것은 없겠지만 나 스스로를 칭찬해 주고 싶었다. 이제 매일 아침 바리스타 자격증을 보며 나 뿐만 아니라 아내에게도 드립커피의 즐거움을 줄 수 있다는 작은 기쁨도 있다.

오래전, 도쿄를 여행하면서 도쿄역 근처의 드립 커피점을 들렀던 기억이 난다. 나이가 지긋한 여성이 내가 앉은 바테이블 바로 앞에서 정성을 다해 커피를 내리는 모습이 인상적이었다. 마치 도를 닦는 듯한 표정으로 진지하게 커피를 내리고 있었다. 나도 그렇게 매일 아침 커피를 내리면서 마음을 정결하게 하고 싶다.

이제 에스프레소 머신으로 내리는 커피를 배우면 된다. 누군가는 '그걸 왜 배우지? 그냥 적당히 유튜브를 보고 따라 하면 되지'라고 반문할 수 있다. 난 그렇게 하고 싶지 않다. 기초부터 제대로 배우고 싶은 것이다. 과연 그렇게 될지는 모르지만. 마침 아내가 지역 청소년수련관에서 바리스타 기본 강좌가 있다고 귀띔을 해 준다. 인터넷을 찾아보니 벌써 열명 정원에 아홉 명이 수강 신청을 하였다. 놓칠 세라 얼른 신청하고 결재까지 완료했다.

1월 2일부터 매주 월요일 오전에 2시간 30분간 한 달간 수업이다. 내친김에 고급과정인 〈라테아트〉도 배우고 싶었다. 바리스타가 에스프레소 위에 스팀 우유를 이용하여 하트, 튤립, 로제타 등의 다양한 디자인을 그리는 커피 예술이다. 결국 드립커피, 에스프레소 일반과정, 라테아트 고급과정까지 세개의 자격증을 모두 취득했다. 근처 문화센터에서 열리는 〈스마트폰으로 촬영하는 기초반〉도 수강 신청했다. 그동안 마구잡이로 찍었던 스마트폰 영상을 기초부터 제대로 배우고 싶다. 이번 겨울 방학에도 바쁘게 생겼다. 무엇보다 나의 몸과 손을 이용하여 새로운 것을 배우고 익히는 그 과정이 기대가 된다.

철학자이자 교육학자인 존 듀이의 말이 마음에 쏙

든다.

"배움은 학교에서 끝나지 않는다. 삶 자체에서 배우고 성장하려는 태도이자 현실을 변화시키려는 의지이다."

나만의 집을 짓는 사람

 나이가 들어서였을까? 나에게 주어진 시간이 제한되어 있다는 사실을 몸으로 느끼는 순간이었을까? 내 삶을 글로 쓰고 싶었다. 왜 그런 생각이 들었을까? 아주 오래전, 함석헌의 『뜻으로 본 한국역사』를 읽고 마치 머리를 한 대 맞은 것처럼 삶에 도전을 받았다. 그리고 전집을 다 읽은 기억이 난다. 그때 생각했다. 나도 주체적으로 살겠다는 결심과 함께 나의 생각을 진솔하게 글로 쓰고 싶었다. 세월은 빠르게 흘렀지만 그때의 생각은 아직도 내 기억에 남아있다. 그렇게 나의 독서 습관은 시작되었다. 책은 읽을 때는 재미있고 감동도 받지만 조그만 지나면 내용은 물론하고 제목도 기억나지 않을 때가 많았다. 이렇게 계속 읽기만 해야 하나? 좌절감이 찾아왔다.

읽기와 쓰기는 한 몸이라고 했지만 난 쉽게 읽기에서 글쓰기로 넘어가지 못했다. 글쓰기의 목적은 분명했지만 막상 노트북을 앞에 두고 쓰려고 하는데 어디서부터 써야 할지 몰라 당황스러웠다. 초등학교 시절 소풍 가서 보물 찾기를 하며 헤매던 때처럼 도대체 어디에서부터 시작해야 할지 몰랐다. 엉클어져 있던 기억의 실타래를 풀려면 첫 실마리를 찾아야 했다. 그 실마리를 찾기가 어려웠다.

 나의 삶을 누구보다 잘 알고 있는 내가, '나의 이야기'를 글로 쓰기로 했다. 가장 먼저 "어린 시절의 기억을 떠 올린다."를 썼다. 초등학교 입학식에서 줄을 서서 교장선생님의 훈화를 들으며 지루하게 기다리던 기억이다. 기억의 흐름을 따라 생각나는 에피소드를 떠 올리면서 삶의 한 단편을 쓸 수 있었다. 그러나 그게 다였다. 의식의 흐름대로 썼기 때문에 무엇을 얘기하는지에 대한 메시지가 전혀 없다. 내가 살아온 기억을 더듬는다는 의미는 있지만 그것은 '나' 만을 위한 글이다. 글을 읽는 독자의 관점에서는 전혀 메시지가 없는 남이 쓴 의미 없는 일기를 보는 것 같았다. 글을 쓰고 싶다는 열망만 있었지 생각의 깊이가 깊지 않다는 사실을 깨달았다.

어떻게 할까? 그냥 포기할까? 내가 무슨 글을 쓴다고 이렇게 애를 쓰나? 어느 날부터 답답한 마음에 건강이나 챙기자는 생각에 산책을 하기 시작했다. 혼자 산을 오르고 걸었다. 동네에 야트막한 산이 있어 산행을 하고 내려와 호숫가를 걷고 벤치에 앉아 쉬면서 이야기의 실타래가 풀려 가기 시작했다. 신기하게도 걸으면 생각이 떠오르고 하나씩 생각의 흐름이 정리되는 느낌이 들었다. 다시 산을 오르고 호숫가를 걸으면서 생각하고, 벤치에 앉아 그 생각을 메모로 정리하는 루틴을 반복했다. 걸으면서 의식 깊숙이 있던 생각들이 수면 위로 떠오르기 시작했다. 그 수면 위로 올라오는 생각의 뿌리는 지금까지 읽었던 책과 경험들이 나의 무의식 속에 잠재되어 있던 것이다. 내가 읽은 것은 어디로 사라지지 않고 나의 무의식 깊은 곳에 숨어서 나의 호출을 애타게 기다리고 있었던 것이다.

매일 아침, 산책 후 메모에 적은 나의 생각을 글로 썼다. 〈내 삶의 의미를 찾아서〉라는 주제로 썼다. 마침 학교에서 연구년을 받았기 때문에 방해도 받지 않아서 이

루틴이 가능했다. 이야기의 실타래를 풀기 시작하게 된 결정적인 계기는 '걷기와 메모' 였다.

걸으면서 생각날 때마다 메모하기 시작했다. 금방 떠오른 참신한 생각도 메모하지 않으면 금방 잊어버린다. 지나간 시간을 돌이켜보고 스스로 거리를 두면서 객관적으로 나를 보기 시작했다. 마치 한걸음 앞에서 나를 보는 느낌으로 나의 감정을 글로 표현했다. 은퇴하는 시점을 계기로 삶의 매듭을 다시 한번 짓고 새로운 방식으로 살고 싶었다. 은퇴한 후에 무엇을 할 것인가도 생각했다.

학교에서는 교수,

협회에서는 이사,

가정에서는 두 딸의 아빠, 사위의 장인

한 여인의 오랜 남편,

처가에서는 사위, 자형

이런 것은 사회 혹은 가정에서 타인이 보는 나일 뿐이다. 무엇으로 나를 더 설명할 수 있을까? '나는 누구인가?' 새삼스레 다시 물어본다. 쉽지 않는 질문이다.

질문을 조금 바꾼다. '나의 나 다움은 언제 나타나는가?'

 내가 자연스레 웃고 있을 때, 가장 나 다움이 나타나지 않을까? 가치관이 비슷한 친구들이나 가족과 함께 맛있는 식사와 함께 반주를 즐기면서 재미있는 얘기도 하고 가끔 진지하기도 할 때 나 다움이 나타나는 것 같다. 남의 눈치를 보지 않고 마음 속에 있는 것을 말과 글로 드러낼 때 가장 편안한 마음이다. 다소 감정적으로 상기된 그 순간이 좋다. 난 계획을 세우고 준비하며 최악의 시나리오까지 생각해야 직성이 풀리는 약간의 강박증을 갖고 있지만 좋아하는 일에는 몰입의 순간을 즐긴다.

 겉으로는 느긋하게 보일지도 모르지만 마음속은 갈대처럼 흔들리는 나, 무소유의 삶은 아닐지라도 조금 가볍게 살고 싶지만 소유하고 싶은 욕망은 다 떨쳐내지 못하고 갈등하는 나를 본다. 내가 해야 하는 일에는 책임감을 갖고 추진하지만, 하고 싶은 일을 아직도 찾고 있는 나를 또 발견한다. 꽃을 가꾸고 작은 포켓정원이라도 만들고 싶지만 집에 있는 화분도 돌보지 않고 언젠가 포켓정원이라도 가꿀 수 있는 마당이 있는 집을 갖기를 꿈꾸는, 이렇게 모순되고 소심한 인간이다.

 난 언제 몰입의 기쁨을 느끼는가? 아무런 보상도 없는 글을 쓸 때, 그림을 그릴 때이고 숨을 몰아 쉬면서 수영을 할 때, 가족과 즐겁게 얘기하면서 식사할 때이다. 글을 쓸 때, 마음 깊은 곳에서 울려 나오는 감정을 진솔하게 표현하고 싶다고 생각하면서도 가끔 스스로 자랑하고 싶은 마음이 불쑥 나온다. 누구나 가지고 있는 본성이니 굳이 숨기지 않는다. 그럴 때는 내가 고민한 실존적 진실이 담겨서 그 글에 내가 책임질 수 있다면 만족한다. 내 삶의 이야기로 인해 다른 사람도 공감할 수 있다면 그나마 짧고 덧없는 삶에서 조금은 보람 있고 의미를 가질 수 있지 않을까? 내 글을 읽으면서 누군가 행복할 수 있다면 더할 나위없이 좋겠다.

 '나는 왜 작가가 되고 싶은가?' 새삼스레 묻는다. 작가(作家)란 한자 그대로 집을 짓는 사람이다. '집'이란 자신만의 세계를 의미하기에 자신의 세상을 창조하는 사람을 작가라 부를 수 있다. 글을 쓰면서 나만의 집을 짓는다는 것은 세상과 나를 위해 지성을 닦으며 내 삶의 양식을 심미적인 감각으로 표현하고 채색하는 것이다.

아름다움에 대한 감각은 특별한 순간이 아니라, 사소한 일상의 삶에서 더 깊이 바라보고 음미하는 태도를 가질 때 나타난다.

집을 짓던, 농사를 짓던, 글을 쓰던, 그림을 그리던 무언가를 만들어 자신의 세계를 창조하는 사람은 모두 아름다움을 찾으려는 작가이다. 벽돌을 쌓듯 단어를 쌓고 창문을 내듯 문장을 엮으며 나만의 세계를 만들기를 소망한다.

지금은 누구나 작가가 될 수 있다. 브런치가 그 역할을 한다. 처음 브런치 작가라는 말이 다소 부담스럽고 어색하게 들렸다. 내가 작가라니? 하고 말이다. 사실 신춘문예를 통해 등단하지 않았다고 작가가 아닌 것은 아니다. 누구나 글 쓰는 작가라고 주장해도 출판계가 뭐라고 하지 않는다. 오히려 더 환영해야 할 현상이다. 매일 글 쓰고 스스로 작가라고 부르는 사람이 많아질수록 좋은 창작물을 생산하고 소비할 수 있는 에너지가 쌓여 나가고 출판시장은 확장되고 사회가 지니는 지적토대는 계속 축적될 것이다.

나는 잘 알고 있다. 내가 아직은 좋은 작가가 아니라는 것을. 하지만 매일 쓰면서 더 훌륭한 작가로 성장하기를 희망한다. 지금 이 순간, 딸 덕분에 네덜란드로 건너와, 어느 아파트 부엌 탁자에 노트북을 올려놓고 창밖을 보면서 상상의 날개를 편다. 아내와 딸은 외출하고, 혼자 앉아서 '작가란 무엇인가?'라는 생각에 잠긴다.

나만의 집을 짓기 위해 오늘도 글을 쓴다. 한가지 분명한 것은 작가라서 쓰는 것이 아니라, 쓰니까 작가라는 사실이다.

네팔에서 카이로스 시간

 또 한 해가 지나고 새해가 밝았다. 다시 돌이켜본다. 내가 지난해 뭘 하며 살았지? 말할 것도 없이 일상의 반복이다. 이렇게 살아도 괜찮은 걸까? 삶의 변화를 찾기 위해 새로운 시도를 하고 싶었다. 그렇게 캘리그래피를 시작했고 커피 바리스타 1, 2급 자격증 공부를 했다.

 신년에 또 다른 계획을 세워보자. 지난 해, 새로이 시도했던 기억을 떠올린다. 네팔의 카트만두와 포카라를 간 기억이 난다. 산을 사랑하는 사람들이 찾는 안나푸르나산을 등반하기 위한 것은 아니다. 친구가 네팔은 새로운 느낌이라 좋다고 가자고 권유하기에 따라 나섰다. 네팔은 웅장한 자연 풍경과 함께 힌두사원에 불상이 공존하고 있는 독특한 문화가 강렬한 기억으로 남는다. 거기도 사람이 사는 곳이라 극심한 빈부격차로 인해 시내에서 조금만 벗어나면 빈곤에 허덕이는 서민의 모습이 보였다. 여행지에서 경험은 글로 표현하지 않으면 그 기억은 사라지고, 그만큼의 나의 삶도 소실되고 말기 때문에 그때의 시간을 회상한다. 시간의 흐름을 거슬러 가본다. 여행을 갔던 곳에서의 시간은 느리게 흐르고 있었다는 사실을 깨닫는다.

고대 그리스인은 신화를 통해 시간을 크로노스와 카이로스의 시간으로 분별하였다. 우리말에는 시간을 구분하는 개념조차 없는데, 그 오래 전, 그리스인은 그것을 구분한 대단한 사람들이다. 조상이 쌓은 공덕으로 세계 여행객이 찾아와 지금도 혜택을 누리고 있으니 복받은 민족이다. 신화에서 크로노스의 시간은 물리적인 시간을 가리킨다. 한 시간은 60분, 하루는 24시간, 일 년은 365일 등과 같이 시계와 달력을 이용한 인간이 만든 객관적인 시간이다. 과거, 현재 그리고 미래라는 시간의 흐름에 대한 개념도 인간이 만들었다.

카이로스의 시간은 주관적인 시간이다. 카이로스의 시간은 단순한 일상 속에 놀라운 경험을 하고 특별한 의미를 갖는 상대적인 시간을 가리킨다. 내가 주어진 상황과 운명을 어떻게 받아들이는가에 따라 시간의 흐름이 다르게 느껴진다. 인생의 방향을 바꾸기로 결심한 결정적인 순간이기도 하고 사랑하는 사람에게 사랑을 고백하고 청혼하는 순간이 카이로스의 시간이다. 예술가에게는 창작의 아이디어가 번개처럼 떠올라 그 순간의 영감을 쫓아 작품을 완성하는 기회를 포착하는 순간이다. 똑같이 일상을 보내더라도 사람마다 서로 다른 종류의 시간을 살아간다.

우리는 흐르는 시간의 밀도마저 다르게 느낄 수 있다. 매일 의미 없이 강물에 쓸려 흘러가는 것이 크로노스의 시간이다. 사람은 누구에게나 공평하게 주어진 크로노스 속에 살지만 기회의 시간인 카이로스는 누군가는 잡아채기도 하지만, 바람같이 사라져 붙잡을 수 없을 때가 많다. 여행지에서 혹은 연인과 함께 했던 시간, 글을 쓰는 순간에도 카이로스의 시간이 흐른다. 시간이 흐르는 밀도와 속도가 크로노스 시간과는 전혀 다르다. 왜 장소와 상황에 따라 시간이 다르게 흐르는 것처럼 느낄까?

최근에 〈김현정의 뉴스 쇼〉에서 뇌과학자 장동선 박사가 나와서 그 이유를 설명하는데 일리가 있다. 뇌의 해마에는 시간을 인지하는 '시간 세포'가 있어 외부로부터 정보량이 많을수록 신경전달물질인 도파민이 많이 분비되어 시간이 천천히 지나가는 것처럼 느낀다고 한다. 프랑스 심리학자의 '폴 자네의 법칙'[4]에 의하면 어릴 때는 모든 게 새롭기 때문에 뇌가 활성화되면서 상대적으로 시간이 천천히 흐르는 것처럼 느낀다고 한다. 그러나 나이가 들면서 새로운 것은 없고 모두 예전에 경험한 것이라면 굳이 기억해야 할 필요가 없기 때문에 뇌가 활성화되지 않는다.

결국 나이가 들면서 새로운 경험은 없고 과거와 미래에 집착하여 현재를 살지 못하기 때문에 의미 없는 시간만 흘러 세월이 빨리 지나가는 것이다. 아무리 멋진 여행지도 자주 가고 비슷한 체험을 하면 여행의 즐거움이 떨어지는 이유다. 마치 생각하지 못한 새로운 보너스에는 최고의 즐거움을 느끼지만, 이미 받아왔고 또 예상되는

---

[4] 자네의 법칙에 의하면 1살 아이가 체감하는 1년이 365일이라고 했을 때, 같은 시간이라도 10세는 10분의 1로 느낀다. 50세가 느끼는 1년은 50분의 1이 되니 1년의 체감 시간은 약 7.3일에 불과하며, 80대를 넘어가면 4.6일이 된다. 그래서 나이가 들수록 '세월이 화살처럼 쏜살같이 지나간다'는 말을 하게 된다. 몸으로 느끼는 삶의 속도는 10대는 시속 10km, 70대는 70km라는 말처럼 심리적 시간은 연령에 반비례한다고 주장했다.

보너스에는 그 기쁨이 반감하는 이유다. 내가 새롭게 경험한 포카라에서의 시간도 역시 다르게 흘렀다.

난생처음으로 초경량 항공기(Ultralight Aircraft)[5]를 타고 본 마차푸차레와 안나푸르나산의 정경은 나를 압도하여 숨을 쉴 수가 없을 정도였다. 끊임없이 펼쳐지는 산맥을 보면서, 자연이 주는 압도적인 장면은 나의 오감을 잠시 무력하게 했다. 자연의 거대함 앞에서 느낀 숨막히는 아름다움이 이런 감정이 아닐까? 자연 앞에서 두려움을 초월하여 경외감을 느낄 수 있는 숭고한 느낌이었기에 아직도 나의 기억에 선명하게 남아있다. 영상으로 슬로 모션을 보는 것처럼 시간이 천천히 흐르는 것처럼 느껴졌다. 내 두발로 걸어서 올라갔다면 그 감동은 더했을 것이다.

숨막히게 아름다웠던 순간을 회상하는 이 순간에도 카이로스의 시간이 흐른다. 글로 쓰면서 그 순간을 회상하면 다른 생각을 할 틈도 없이 몰입이 되면서 마치 정지화면을 보는 것처럼 시간의 흐름을 잊어버린다. 당시에 찍은 영상을 보면 아주 짧은 순간이었다.

---

[5] 경비행기보다 더 작고 주로 레저용이나 스포츠용으로 사용되며 조종석은 개방형으로 엔진이 있는 삼륜차에 패러글라이더를 부착해서 이륙한다.

여행지에서의 기억은 윤색되고 결국 퇴색되지만, 글로 기록하는 순간 조금씩 빛을 발하면서 그 경험을 선명하게 다시 떠올린다. 여행의 시간으로 돌아가서 기억을 떠올리면 그때 느꼈던 감동이 함께 찾아온다. 그 기억을 글로 쓰면서 두 번 여행하고 경험할 수 있는 신기한 일이다.

또 다른 카이로스의 시간은 언제였을까? 나에게 각성과 함께 성장의 기회를 주었던 시간이 있었을까? 기억을 떠올린다. 기억 속의 카이로스 시간은 주로 '상실과 고통의 순간'이 함께 한 삶의 결정적인 시간이었다.

> 건강을 잃고 병마와 싸울 때,
> IMF 외환위기 때 창투사 대표직에서 실직했을 때,
> 상속문제[6]로 경제적 위기가 닥쳐왔을 때,
> 삶의 진부함을 새삼 느낄 때,
> 내 몸이 늙고 있다는 것을 문득 느낄 때였다.

내가 통제할 수 없는 아픔의 시간이었다. 아픔은 나에게 의미 있게 다가왔다. 입 닥치며 견디고 버텨내야

---

[6] 첫 번째 수필집, 『삶의 의미를 찾아가는 시간』

하는 고통과 도전의 시간이었다. 척추를 바로 세우고 플랭크를 할 때처럼 온 몸으로 버티는 시간이다. 카이로스 시간에는 항상 고통과 도전이 함께 찾아온다. 돌이켜 보면 크로노스의 시간은 강물에 떠밀려 가는 시간이었고, 카이로스의 시간은 운명과 마주하며 강물을 거슬러 올라가는 시간이었다.

마음, 가득함을

겨울을 맞으며….
E·O·M

7월도 당신의 달입니다~

E·O·M·J·A·E·K·Y·U·N

人生天地間 若白駒之過隙 忽然而已

인생이란 하늘과 땅 사이에서 흰 말이 틈 사이를
지나가는 것과 처럼 순식간에 지나간다

장자 (莊子)

당신의
빛은
참 아
름다워
요

PART 3 낯섦과 익숙함, 그 삶의 변주

화양연화의 시간

 2주에 한 번 온라인으로 만나는 모임이 있다. 성경공부를 위해 만든 사랑방 모임이다. 지난주, 오랜만에 여섯 명이 화면에 등장했다. 참석하지 않는 사람들에게 전화를 걸어 확인한다. 대부분 나보다 연배가 높아 깜빡하고 가끔 모임시간을 잊어버린다. 처음 10분 정도 목사님이 영상으로 준비한 사랑방 모임을 위한 말씀을 들은 후, 주어진 질문에 대해 서로 생각을 나누는 시간을 가진다. 그 질문 중의 하나가 "살면서 말과 행동 및 믿음과 사랑으로 내 삶의 본이 되었던 분을 떠올리고 그를 통해 본받게 된 것을 나누세요."였다.

 모두 묵묵부답이다. 잠시 정적이 흐른다. 그 순간, 어느 한 분이 장로님을 소환했다. 우리 사랑방에서 닮고 싶은 분이라고 했고 모두 한 목소리로 동의했다. 지금 이 모임의 리더역할을 하고 계신 장로님이다. 대학에서 사회학을 가르치시다가 약 12년 전에 퇴임하셨다. 아파트 바로 앞 동에 살면서 지금까지 25년 이상을 지켜보며 마음속으로 항상 '나도 저렇게 자연스레 멋있게 늙어 가면 좋겠다.'라고 생각했던 분이다. 이 말을 듣고 본인은 '아니라고~' 조금은 멋쩍어 하는 웃음을 지으면서 자신이 한 분을 소개하겠다고 했다.

바로 올해로 105세로 최고령 철학자인 연세대 김형석 명예교수이다. 이미 대중에게도 널리 알려진 철학자이다. 최근에 『김형석, 100년의 지혜』라는 제목의 에세이집을 출간했다. 나 역시 예전에 그분이 쓴 책을 읽고 '저렇게 멋있게 나이 들어갈 수 있으면 좋겠다.'라는 생각을 하곤 했다. 가장 기억이 나는 글귀가 있다.

"인생에서 제일 좋은 나이가 60~75세였다. 그때가 제일 행복했다."

내가 바로 그 나이에 진입하고 있지 않은가? 김형석 교수가 생의 황금기의 정점이라고 얘기한 65세에 접어들었다. 꾸준히 글 쓰고 공부하면 80세까지

157

정신적으로 쇠락하지 않는다고 그 분이 강조하니 마음이 푸근하다. 가끔 그런 생각이 든다. 홀가분하다는 느낌이라고 할까? 누구나 다 그렇겠지만 젊은 시절에 방황하면서 보낸 시간이 아까웠지만 후회하지는 않는다. '그때 내가 왜 그랬을까?' 하면서 후회하기보다는 '은퇴 후에 무엇을 위해 살 것인가?'에 집중하고 싶다.

"행복한 인생은 늙지 않고 일 많이 하는 사람입니다."
"여러분도 늙지 않고 오래 일했으면 합니다."

그분의 말 가운에 가장 공감하는 부분이다. 50세 후반을 지날 때, 학교와 사회활동을 하면서 너무 분주하게 시간을 보내며 나를 잊고 살아왔다는 생각이 들었다. 나를 돌아보는 시간을 갖고 싶었다. 그냥 쉬고 싶은 생각밖에 없었다. 마침 2018년, 대학으로부터 연구년을 받아 여행을 하였다.

나중에 은퇴하면 막연하지만 크루즈를 타고 세계를 돌아다니면서 여행하고 마음껏 쉬고 싶다는 생각이었다. 그동안 바빠서 가고 싶었지만 가지 못했던 여러 곳을 여행했다. 당시 유행하던 한달 살기도 했다. 제주에서 한 달, 치앙마이 한 달, 캐나다 로키산맥을 여행하면서 바쁜 일상에서 잠시 벗어나 새로운 곳에서 느긋하게 쉬었다. 여행은 나에게 삶의 활력을 주었다. 그러나 딱 거기까지였다. 일을 하지 않고 여행하고 쉬기만 한다면 오히려 삶의 활력이 떨어져 버린다는 사실을 알아버렸다.

모든 여행이 끝날 즈음 생각을 바꾸었다. "사람은 일을 해야 삶의 보람을 찾을 수 있다. 일이 건강과 정신력까지 유지시켰다."라고 한 김형석 명예교수의 말씀을 몸으로 느꼈다. 너무나 맞는 말이다.

은퇴한 후에는 무엇을 위해 어떻게 살아야 할까? 그동안의 삶을 돌아보면서 내가 제대로 살아왔나 돌이켜본다. 가족을 위해 그리고 나를 위해 최선은 아니라 할지라도 나름 열심히 살았다고 생각한다. 자식들이 고등교육을 받게 하고 각자 자기 갈 길을 독립적으로 갈 수 있도록 길을 닦아주었다. 아내 역시 가족을 위해 희생을 많이 했다. 자기 경력을 쌓지 않고 아이들 양육과 교육이 본인의 '백만불짜리 프로젝트'라고 생각하면서 노력했다. 그만하면 부모로서 역할은 충분히 했다. 자식들은 자신의 길을 스스로 개척하고 나아갈 것이다.

자식들은 결국 둥지를 떠나고 남아있는 사람은 부부밖에 없다. 그동안 아내와 딸들에게 '사랑해~'라는 애정표현에 인색했다. 이제는 자주 표현하련다. 아내는 아직 자식 뒷바라지를 하는데 주저하지 않는다. 그건 괜찮다. 본인이 그 일에 보람을 느끼고 의미를 갖는다면 아무런 문제가 없다.

문제는 나다. 올해 28년을 지냈던 교단을 떠난다. 미련은 없다. 회사생활도 치열하게 겪어봤고 오랫동안 현역에서 일을 한 셈이니 아쉬움도 없다. 다만 희망이 있다면 계속 사회에 도움이 되는 일이나 봉사 활동을 하면서 삶의 보람을 찾고 싶다. 사회를 위해 조금이라도 보탬이 되는 일을 하고 싶다. 더 솔직하게 말하면 그 일을 통해 경제적으로 도움까지 된다면 더 좋겠지만 말이다. 은퇴하면 무엇을 할 수 있을까? 먼저 생각나는 것이 ISO 국제표준화 활동이다. 지금까지 20년 이상 해온 일이기에 퇴직과 관계없이 할 수 있는 일이다. 2027년까지 ISO 기술위원회 51[1] 의장직을 맡고 있으니 은퇴 후에도 사회활동을 할 수 있는 분야이다. 김형석

---

[1] 물류분야에서 화물을 운반하고 보관하는데 가장 많이 사용하는 파렛트의 성능과 시험평가와 관련된 표준을 제정 및 개정작업을 하는 ISO 국제표준화기구 산하 기술위원회

명예교수의 말에 용기를 백배 얻는다.

> "나 자신이 살아보니까 90세까지는 늙는게 아니에요.
> 90세까지는 누구나 똑같이 일할 수 있어요."
> "경제는 중산층에 머물면서, 정신적으로는 상위층에
> 속하는 사람이 행복하여 사회에도 기여하게 된다.
> 그런 생활을 하는 사람들이 행복을 더 많이 누리도록
> 되어있다."

지금은 백세 시대이다. 김형석 명예교수도 얘기했지만 이제는 인생이 3막까지 열린다. 예전에는 회갑연을 하고 나면 삶을 마무리하는 시기로 생각했다. 지금은 회갑연조차 하지 않지 않는가? 은퇴 후 90세까지 어떻게 살 것인가를 고민해야 한다. 나 자신이 인생 3막 속으로 들어가는 시간이다.

평생을 즐겨할 수 있는 취미를 갖고 싶다. 산에 오르고 걷는 것을 좋아했지만 관절이 좋지 않아 관둘 수밖에 없었다. 몸의 변화에 순순히 적응해야지 어떡하겠는가? 지금은 수영이 나에게 가장 맞는 운동인 것 같다. 약한 관절에 무리를 주지 않고 심폐기능을 높이고 온몸의 균형을 잡아주고 근육까지 강화해 주기에 아주 좋다. 25미터 레인을 왕복 스무 번을 쉬지 않고 돌면 숨이

161

목까지 차오른다. 그 순간이 좋다. 수영을 하고 나면 몸과 마음이 가벼워지는 것을 느낄 수 있다. 혈액 순환이 뇌까지 이어지면서 정신도 맑아진다. 수영도 마지막 전속력으로 역영할 때 힘들지만 몰입의 기쁨을 만끽할 수 있다. 아무 생각도 나지 않고 오로지 나의 호흡만 느낀다.

가끔 나의 육체는 이곳저곳에서 존재감을 드러내면서 통증을 일으키기도 한다. 하지만 치명적인 질병이 아니기에 '이 정도의 고통은 감사합니다.'라고 받아들이기로 했다. 통증이 심하면 진통소염제를 먹고 그럭저럭 지낼 수 있어 다행이다. 감사할 일이 즐비하지만 그것을 인지하지 못하고 있을 뿐이지 사실 모든 게 감사하다. 물조차 삼키기 어려운 중증 파킨슨 환자를 보면서 깨닫는다. 내 스스로 내 몸을 움직일 수 있다는 사실만으로 감사한 일이다.

육체적으로 건강을 유지하는 것도 중요하지만 정신적으로 평온을 가져주는 취미를 갖고 싶다. 은퇴 후 어반 스케치도 배우려고 한다. 그림을 그리고 글을 쓰는 순간에는 모든 걸 잊어버린다. 평소에 좋아하는 글귀를 쓰고 마음에 담아서 선물하면 받는 사람도 기뻐한다.

상대가 기뻐하면 나 또한 기쁨이 배가 된다.

  수국은 최근에 그린 그림이다. 수국을 보면서 삶을 돌아본다. 꽃은 피었다가 열매를 맺고, 그 열매가 무르익으면서 자연에 유익을 준다. 나는 무엇을 줄 수 있을까? 책 읽고 배우면서 지혜를 구하면 이로움이 될까? 글쎄다. 나의 꿈을 향해 열심히 살아가는 모습, 그 자체가 누군가에게 작은 힘이 되길 바란다. 평생을 살면서 지금이 가장 마음이 평온하고 고요한 화양연화의 시간을 보내고 있다.

  젊은 시절에는 화양연화가 불꽃과 같은 것이라면, 지금은 따스한 햇살을 받으면서도 '참 좋다'는 따뜻한 감정을 느낄 수 있다는 것이다. 마음 맞는 친구와 나누는 따스한 차 한 잔, 꽃 피는 봄날에 흩날리는 벚꽃을 가만히 바라보는 시간, 이 모든 순간들이 이제는 내 삶에 새로운 화양연화의 시간이다. 나는 여전히 살아 있고, 꽃을 보면 감동을 받고, 아직 배우고 싶고, 여전히 사랑하고 싶은 마음이 있다. 그래서 나는 말하고 싶다.

  어쩌면 지금 이 순간, 그림을 그리는 시간 속에서,

수국과 같이 활짝 꽃피는

'화양연화'는 이미 내 옆에 와 있는지도 모른다.

베이비부머를 위한 변론

"요즘 학생들은 왜 그러지요?

도대체 수업시간에 무슨 생각을 하는지 모르겠어요."

"질문하면 아무 반응이 없어요~."

"맞아요, 도무지 이해할 수 없어요."

점심을 먹으면서 맞은편에 있는 교수가 운을 떼면서 대화를 이어간다. 나는 그새 참지 못하고 활짝 웃으면서 찬물을 붓는 소리를 했다. "'요즘 애들~'이라고 하는 사람은 거의 꼰대라는 걸 아세요?"

지난 3년간 코로나로 인해 고등학교에서 비대면으로 수업한 탓인지 모르지만 사실 강의시간에 학생들의 반응이 없는 것은 맞다. 코로나 팬데믹 3년간 교실에서 친구를 만나지 못하고 비대면으로 수업한 결과로 나타난 두드러진 현상이다. 학생들도 코로나 전염병의 피해자이다. 그들에게 비난의 화살을 겨눌 이유가 없다. 불안한 청춘 시절에 마음은 들끓고 있겠지만 몸은 심드렁하다. 아니, 별 생각이 없다. 이해가 간다. 나 역시 그랬으니까.

한 세대를 통칭하는 단어가 많다. 산업화 세대, 베이비붐세대[2], X세대, M세대, Z세대[3] 등이 있다. 나는 베이비붐 세대(1955년 ~ 1963년)에 속한다. 어떤 한 세대를 한마디로 정의하기는 어렵다. 각 세대별로 꼬리표를 붙이는 것을 나는 싫어한다. 나도 모르게 그 집단 속으로 빨려가 개인의 고유성이 사라지는 유쾌하지 않은 느낌이 든다. 베이비붐 세대라는 꼬리표는 '출산율 정점과 노령화 세대'라는 의미를 표현하고 있다. '1차 베이비부머'는 6.25 직후의 궁핍함 속에서 태어나

---

[2] 베이비붐 세대: 한국의 1차 베이비붐(1955~1963년생)은 6.25전쟁이 끝난 후 출산율이 폭발적으로 증가하여 약 705만명의 인구집단을 말하고, 곧 이은 2차 베이비붐(1964~1974년생)은 무려 954만명으로 국내인구의 19%를 차지하는 세대

[3] X세대(1975~1985년생): 베이비붐 세대 이후 태어난 세대로 90년대 초반 새로운 형태의 대중문화를 만들었던 서태지를 고등학교 때 만났고, 최초로 학력고사가 아니라 수능을 보고 대학에 진학
M세대(1981~1996년생): 베이비붐 세대의 자녀 세대로 2000년대~2010년대 초반 성인이 된 세대
Z세대(1997~2010년생): 어린시절부터 디지털에 노출되어 자란 세대

경제성장, 세대갈등과 은퇴 후 노후 문제와 같은 경험을 공유하고 있다. 어떤 특징들이 있을까?

베이비부머는 노부모를 부양하고 결혼을 늦게 하는 성인자녀까지 돌보는 '더블케어'를 해야 한다. 한국 경제가 급속하게 성장하는 시기에는 나이가 들면 당연히 결혼하고 독립하는 것으로 알았다. 지금은 저성장과 함께 미취업과 저임금을 받는 청년들이 많다. 경제적으로 독립을 못하거나 여러가지 이유로 결혼을 늦추거나 부모와 함께 사는 나이 든 자녀가 많다. 결혼한 자녀라도 부부가 맞벌이를 하면 부모가 조부모와 어린 손주까지 양육해야 하는 '트리플 케어'까지 할 수밖에 없다. 갈수록 수명은 길어져 병든 노부모까지 간병하면서 정작 자신의 건강은 돌볼 시간이 없어 늘 불안하다.

베이비부머들은 자신의 노후는 자식에게 부담을 지우고 싶지 않다. 1990년에서 2000년 초 사이 몇 차례 지나간 주식 광풍으로 인해 모아둔 종자돈을 잃었고 비자금마저 자녀 대학 학비와 결혼 자금으로 기꺼이 보태 주었다. 유일하게 기댈 곳은 공적 연금이지만 노후설계를 하기는 턱없이 부족하다. 생의 유일한 자산인 아파트를 이용한 역모기지로 연금식으로 받으려 하면 자식들 눈치까지 봐야 한다.

베이버부머 남성들은 감정표현을 잘 하지 못한다. 강인한 남성성에 집착하고 그것이 학습되고 내면화되었기 때문에 내적 고민과 갈등을 솔직하게 드러내는데 미숙하다. 친구와 가족들과 의논하면서 해결책을 찾기보다는 어떻게 되든 '내가 알아서 한다.'며 혼자 해결하고자 애쓴다. 은퇴를 앞두거나 은퇴한 중년 남성의 경우에는 가족과 자신의 미래에 대한 불안으로 인해 심리적 갈등과 경제적 부담을 안고 살아가면서 자신의 감정 표현에 서툴다.

힘들 때 "힘들어",
사랑스러울 때 "사랑해",
미안할 때 "미안해",
싫은 걸 "싫어"

이렇게 말을 못 하고 자신의 감정을 부끄러워하거나 억누른다. 이 현상은 어린 시절, 교실에서부터 시작되었다. 권위주의 정권에 저항했지만 또 다른 권위주의 교육방식에 스스로 물들어 내면화되어 버렸다.

교실에서 자기 의견을 표현하면 다른 학생들로부터 놀림을 받지 않을지 마음이 불편하다. 선생님한테 혼이 날지도 모른다. 엉뚱한 질문을 한다고 야단맞을까 두렵다. 어느 시대에도 왕따는 있었으니까.

가정에서도 부모로부터 사랑한다는 말을 들어 본 적이 없기 때문에 솔직한 감정표현이 어색하다. 어린 시절에 보고 들어보지 못하면 성장해도 당연히 하지 못한다. 자식이 성적을 잘 받아와도 "잘했어!"라는 칭찬도 못한다. "방심하지 말고 더 잘해~!"라고 오히려 더 다그친다. 자신의 부모로부터 배우고 학습하지 못했기 때문이다. 어느 날 부모가 되면 자기가 어릴 때 보고 들은 방식 그대로 자식에게 대한다.

베이비부머는 자신을 표현할 기회를 갖지 못하면서 은퇴라는 또 다른 낯선 환경과 마주하게 된다. 편안하게 쉴 마음으로 집에 있으면 자식들은 뿔뿔이 나가고 아내 역시 살갑게 대하지 않고 친구들 만나러 나가서 볼 수도 없다. 휑하니 홀로 있으면 '내가 뭘 위해 살아왔지?'라는 혼란이 온다. 자신의 정체성에 대한 상실감으로 인해 조그만 신체적 변화에도 불안하고 심지어 우울증,

공황장애 등의 심리적 병적 현상까지 나타난다.

내가 태어난 해인 1959년은 한국 최초로 100만 명 이상이 태어난 해이다. 정확하게는 1,016,173명이다. 2022년 기준, 살아있는 수는 784,913명이니 약 22.8%에 해당되는 약 23만 명이 이런저런 이유로 사망했다. 2023년 말 기준 1955~63년생인 1차 베이비붐 세대의 인구는 약 705만 명으로 전체 인구의 14.5%를 차지한다. 2025년 65세 이상 인구 비중이 1,000만 명(20.6%)이 넘어서면서 초고령 사회에 접어들었다. 빨라도 너무 빠르다.

한국의 베이비부머는 산업화와 도시화로 급변하던 한국사회의 역동성으로 인해 이전 세대와 다른 삶을 살았다. 고학력자의 급증은 베이비부머의 인적자원의 성장을 의미하지만, 경제적 차별도 함께 진행되었다. 베이비부머에게 삶은 전쟁과 같았다. 가족을 편히 먹여 살려야 한다는 짐을 어깨에 무겁게 지고 치열한 경쟁에서 살아남아 기득권층으로 진입했다. 부모를 봉양하고 자식을 부양해야 하는 이중의 짐을 지게 되었다.

평균수명이 늘어난 부모를 끝까지 공양해야 하지만

자식들에게 자신의 부양책임을 떠넘기지 않는 최초의 세대이다. 자신의 노후는 자식도 국가도 아닌 스스로 책임을 져야 하는 세대이다. 턱없이 부족한 연금으로 인해 퇴직하여 쉬고 싶어도 가족의 생계를 위해 계속 일자리를 구해야 하는 처지가 되었다. 은퇴를 하고 싶어도 못한다.

 시선을 달리하여 청년세대는 베이비붐 세대를 어떻게 바라볼까? 그들은 베이비붐 세대를 '꿀만 빨아먹은 세대'라고 불렀다. 사회에 진출할 무렵, 경제가 호황기를 맞아 운이 좋았기는 했지만 한편으로 억울한 측면이 있다. 베이비붐 세대는 오로지 가족을 위해 일만 하는 '회사 인간'이기를 기꺼이 감내했다. 그러나 정작 가족들과는 더 소원해졌다. 대화할 시간도 감정을 소통할 시간도 없이 회사에서 생존해야 했기 때문이다. 자식과 오랜만에 대화를 하려고 하면 자신들의 경험만 내세우면서 '하면 된다!'라는 낡은 사고방식을 강요하고 "우리 세대는 너희보다 훨씬 더 어려웠지만 노력하면 되는데 너는 왜 그 모양 그 꼴이냐?" 라는 투로 몰아치는 순간 대화는 단절되고 갈등만 깊어 그 간극을 메우기 어렵다.

우리는 인생이라는 긴 여행을 하고 있다. 은퇴를 하고도 20~30년간을 더 살아야 하는 운명이다. 공공보건과 의학의 발전으로 늘어난 수명이 결코 축복은 아니다. 베이비부머는 그 긴 세월을 무엇을 하며 살아야 할 것인가? 1,600만 베이비부머는 그 어느 세대도 가보지 못한 전혀 새로운 시간과 공간 속으로 들어가고 있다. 그래서 더 위태롭다.

2024년 기준, 우리나라 평균수명이 84.3세이다. 건강수명은 73.1세이다. 건강수명은 평균수명에서 질병이나 부상으로 인해 활동하지 못하는 기간을 뺀 기간이다. 단순히 오래 살았느냐가 아니라 얼마나 건강하게 살아가는지가 더 중요하다. 평균수명과 비교하면 약 10년간을 여러 가지 질병으로 인해 고통을 받으면서 삶을 마무리한다는 의미다.

이제 어떻게 건강하게 살아갈 것인가? 베이비붐 세대는 40대 ~ 50대에 축적한 자산을 인출하면서 살아야 할 운명이다. 자산뿐만 아니다. 건강도 마찬가지다. 젊은 시절에 저축한 근육, 건강을 연금처럼 빼먹으면서 살아가야 한다. 30대를 지나면서 삶의 방향성이 결정되고, 40~50대는 그 방향으로 쭈욱 간다. 60대 이후, 축적한 자산이 없이 노년세대로 들어오면 불행해진다. 60대가 되면 대충 노년기의 그림이 그려진다. 베이비부머는 고유한 속성은 아니지만 나름 그 시대를 상징하는 두드러진 특징을 갖고 있다.

경쟁,
성취,
명예,
용기,
의지,
극복,
경험,
지식,
등의 지적, 의지적 자본은 어느 정도 축적되었으나,

배려,
관용,
공감,
소통,
봉사,

휴식,

쉼,

등의 감성자본은 부족하다.

"무슨 소리야? 난 그렇지 않아!"

어느 베이비부머의 항의하는 소리가 들린다. 내가 본 시각에서 다소 거칠게 판단하였지만 대체로 정서적 내재역량이 부족하다는 사실은 맞다. 불행히도 내재역량은 단숨에 키워지지 않는다. 오랜 시간이 필요하다. 정서적 내재역량을 다시 충전할 방법은 없을까?

안단테 리듬으로 살아갈 시간

 첫사랑은 안타깝게도 그 결실을 맺기가 어렵다. 설레는 마음을 어떻게 표현할지 몰라 속으로만 애를 태운다. 난생처음이라 서툴고 낯설어 감정표현을 잘 못하기 때문이리라. 연인의 마음을 알아채지 못한 채 서로 내 마음을 알아주길 바라면서 우연의 겹침 속에서 오해를 거듭하다 결국 우연한 만남이 헤어질 필연이라 믿고 헤어진다. 시간이 지나 그 사람의 소중함을 느끼지만 그때는 이미 늦어 후회만 남는다. 첫사랑의 기억은 처음이라 더 가슴이 시리고 아리다.

 다시 그 첫사랑의 시간으로 돌아간다면 내 마음을 온전히 전할 수 있을까? 시간을 되돌릴 수만 있다면 모든 것이 원하는 대로 바뀔 수 있을까?

영화 〈어바웃타임〉에서는 가능한지 보자. 주인공 팀은 시간 여행을 할 수 있어 삶을 다시 리플레이할 수 있는 능력을 가졌다. 그는 한 번 살았던 삶보다 두 번째 삶을 더 행복하게 살 수 있을까? 팀은 아주 소심하여 모태 솔로이었기에 첫사랑에 실패하고, 블라인드 데이트에서 만난 메리를 보고 첫눈에 반했다. 하지만 자신의 마음을 진솔하게 표현할 수 없어 또 안타깝게도 놓치고 만다. 팀은 시간여행을 할 수 있었기 때문에 실패한 시간으로 돌아가서 다시 그 연인을 찾아 그녀를 알아간다. 두 번째는 조금 익숙해진 감정 표현으로 성공한다. 결국 한번 헤어졌던 인연이 결혼으로 골인한다. 결혼 후, 처음이라 서툴렀던 첫날 밤 사랑의 행위도 한번 더 재생하면서 뜨거운 밤으로 리플레이를 한다.

시간을 되돌리면 모든 문제가 해결될까? 그 바꾸려고 한 당면한 문제는 해결되지만 또 다른 문제가 생긴다. 시간을 거슬러 돌아갈 수는 있어도 주변의 상황이나 인물들 또한 과거와 똑같이 되돌아갈 수 없다. 나를 제외한 주변의 사람은 그 달라진 상황에 따라 또 다른 선택을 할 수 있기 때문에 원하지 않는 전혀 예상하지 못한 상황이 벌어진다.

그렇다. 시간을 아무리 되돌려 보아도 그 시간은 현재이다. 그 시간으로 돌아가 다른 선택을 하면 주위 상황도 함께 변하기 때문에 과거로 돌아가서 두 번째 삶을 살더라도 다시 원하지 않는 삶을 반복하게 될 뿐이다. 그렇지 않은가? 삶은 타인과 연결되어 있어 내 삶만을 바꿀 수 없다. 영화의 대사를 다시 떠올린다.

> "인생은 우리 모두가 매일 함께 하는 시간여행이다.
> 우리가 할 수 있는 것은 최선을 다해 이 순간의 멋진
> 여행을 즐기고 만끽하는 것뿐이다."

우리는 삶의 매 순간을 내 생애 처음으로 맞이하는 시간으로 살아간다. 낯선 삶 속에서 앞만 바라보면서 경주마처럼 바쁘게 달린다. 성공한 사람일수록 은퇴한 후, 인생을 치열하게 경쟁적으로 살아와서 삶을 즐기는 방법을 잘 알지 못한다. 특히 한국에 사는 우리는 대체로 이렇게 살지 않았던가? 나 역시 몇 해 전까지도 목표를 정하고 그것을 향해 바쁘게 달렸다. 지난 세월을 돌아보면 누구나 삶에 후회가 되는 시간은 되돌리고 싶기도 하겠지만 부질없는 생각이 아니겠는가?

이적이 부르는 〈걱정 말아요 그대〉의 가사처럼

"지나간 것은 지나간 대로 그런 의미가 있죠"라고 훌훌 털어버린다. 과거에 투자한 비용과 시간에 미련을 가지면 미련한 짓만 하게 된다. 매몰비용이다. 과거는 돌이킬 수 없으니 집착을 버려야 한다. 이성적으로 알지만 실제의 삶에서 매몰비용에 빠지기 쉽다. 나에게 닥친 손실은 어떻게 하든 회수하려고 하는 인간의 본능이기 때문이다. 후회가 많았던 과거는 잊어버려야 한다. 사실 엄밀하게 보면 과거는 없다.

시간은 현재 밖에 없다. 이 현재의 시간에 과거와 미래가 함께 있다. 무슨 말인가? 과거와 미래는 인간이 만들어낸 관념 속의 시간일 뿐이다. 몇 천년 전 혹은 내년이라는 시간 개념은 인간이 만들어낸 것이다. 한시간과 하루를 만들고 한달 그리고 일년을 만들어낸 것이다. 그렇지 않은가? 지금 어떻게 보내는가에 따라 나의 과거가 이미 결정된 것이다. 미래에 되고 싶은 나 역시 지금 이 시간을 어떻게 보내는가에 따라 결정될 것이다. 지금 이 순간, 미래의 내가 살아갈 여정이 결정되었다고 봐도 무리가 없다.

인생 3막도 이미 2막에서 많은 것이 결정되었다.

그럼에도 불구하고 지금을 행복하게 살기 위해 어떻게 할 것인가? 질문을 바꾸어 불행은 어떻게 찾아오는가? 내 생각과 행동을 주도적으로 통제하고 즐기지 못할 때 무기력이 찾아오고 삶이 지루해진다. 무기력이 학습되듯이 행복도 학습이 필요하다. 일상의 삶에서 자주 즐거움을 느껴야 행복할 수 있을 것 같다.

즐거움을 위한 취미생활은 어느 날 갑자기 즐길 수 없다. 취미활동을 하려면 지난한 노력과 훈련이 필요하다. 그동안 골프와 산행도 즐겼다. 하지만 내가 제일 즐거운 순간은 책 읽고 글 쓰고 캘리그래피를 하고 수영하는 시간이다. 예술활동 뿐만 아니라 스포츠에도 자신만의 고유한 리듬을 찾는 것이 중요하다. 그 리듬을 찾으면 즐길 수 있는 경지가 보인다. 영화 〈흐르는 강물처럼〉에서 주인공 폴(브레드 피트 역)이 미국 북서부 몬태나 주, 대자연 속의 흐르는 강물에서 플라잉 낚시를 배우면서 결국 자기만의 고유한 리듬을 찾아가는 아름다운 영상이 떠오른다.

예전에는 산에 올라갈 때 숨을 헐떡이면서 정상에 오르면 날아갈 듯이 기뻤고 하산도 주저없이 했었다.

지금은 속도를 조절하면서 내려간다. 어떻게 하산할 것인가? 빠른 속도로 올라가느라 보지 못했던 제비꽃이 있다. 작고 수줍게 핀 보랏빛 제비꽃과 노란색의 애기똥풀도 가까이서 본다. 벤치에 앉아 느긋하게 불어오는 바람에 실려 오는 솔향기도 음미한다. 천천히 '안단테' 리듬으로 내려간다.

삶에도 리듬이 있는 듯하다. 몰입할 때와 여유를 가질 때, 일할 때와 쉼을 가질 때, 적절한 균형과 조화를 갖춘 리듬이 필요하다. 단순히 '천천히'가 아니라 나만의 고유한 리듬을 유지하는 것이다. 천천히 그렇다고 너무 느리지도 않은 안단테 리듬으로 살아갈 시간이다. 밥을 먹을 때도 음식 맛을 음미하면서 천천히 먹으련다. 다른 사람의 의견을 들을 때도 성급히 판단하지 않겠다. 성급한 판단으로 얼마나 많은 일을 그르쳤는지 모른다. 섣부른 편견에 사로잡혀 잘못된 판단과 그릇된 행동을 하지 않도록 잠시 판단을 멈추는 시간도 가지고 싶다. 상대가 원하지도 않는 충고, 평가, 판단을 어떻게 줄일 수 있을까?

그리스 사람들은 판단을 멈추는 시간을 '에포케'[4]의 시간이라고 했다. 남의 말을 들을 때 판단을 멈추라는 것이다. 우리는 상대방이 말을 시작하면 그 순간부터 상대의 얘기를 미리 판단하고 내가 하고 싶은 이야기만 생각한다는 사실을 얼마나 많이 경험했는가? 나는 상대방의 이야기를 들을 때 내 경험과 선입관에 따라 상대방의 말을 성급하게 해석하고 판단하지는 않았는가? 판단을 내리는 순간 상대에 대한 호기심과 질문은 사라지고 '그게 아니고~'라고 시작하면서 충고하고 비판할 거리만 떠오른다. 경청한다는 것은 나의 판단을 잠시 미루고 상대에게 집중하면 그 사람에 대해 궁금해지고 질문이 생기는 법이다.

성급하게 판단하지 않고 나만의 리듬으로 천천히 생각하고 행동하면 '에포케'의 순간을 가질 수 있지 않을까? 흐르는 저 강물처럼 안단테 리듬으로 삶의 여정을 즐기면 어떨까?

커피도

---

[4] 고대 그리스 철학에서 판단중지를 뜻하는 말이다. 회의론자는 어떠한 생각에도 반론을 제기할 수 있기 때문에 판단을 중지하여 과거의 경험과 선입견으로부터 자유로워야 한다고 하였다.

후

두

둑

쏟아져 내려오는 에스프레소는 싫다.

똑.

똑.

똑.

천천히 리듬에 맞춰 떨어지는 드립커피를 마시고 싶다.

조

금

천.

천.

히.

안단테 리듬으로 생의 3막 커튼을 올린다.

당신을 사랑해

삶에서 고난은 결코 피할 수 없는 것

 수영을 한 후, 자주 사우나를 즐긴다. 최근 백내장 수술을 받고 난 뒤 불편했던 것은 눈이 아니었다. 사소한 일상의 즐거움인 탕욕과 사우나를 즐길 수 없다는 것이다. 평소에 별 고마움도 없이 샤워를 하고 사우나와 탕욕을 즐겼는데, 갑자기 세수조차 못하고 물수건으로 닦아야 하니 그동안 얼마나 호사를 누리고 살았는지 돌아보게 되었다.

 이틀이 지나서 세수하고 그 다음 날부터 샤워하면서 일상의 사소함이 얼마나 감사한 일인지, 평소에 생각 없이 누리던 즐거움도 어쩔 수 없이 하지 못할 때가 되어서야 그 고마움을 느낀다. 병원에서 몇 달간 입원하면서 치료받다가 퇴원하던 날이 기억에 생생하다.

세상이 달리 보였다. 그날은 뺨을 스쳐 지나가는 바람에, 길가에 무심히 피어 있던 꽃을 보면서 마음이 뭉클했다. 모든 것이 낯설게 다가올 때 설렘과 함께 살아있음에 감사함을 느낀다. 누구나 이런 경험이 있을 것이다. 하지만 일상으로 돌아와 다시 익숙해지면 감사함을 잊고 살아간다. 관성의 법칙이 삶에서도 나타난다. 행복한 조건을 갖추고 있을 때는 정작 행복을 느끼지 못한다. 불행해져야 비로소 행복을 알게 되는 것 같다. 나의 어리석음을 다시 느낀다.

우리가 숨을 쉬고, 걷고, 잠자는 이 모든 일상은 결코 당연하지 않다. 내 몸안에서 기적과 같은 일이 일어나고 있지만 제대로 깨닫지 못하고 있다. 만약 녹내장으로 앞을 보기 어렵거나 심장이 불규칙적으로 뛰는 부정맥이나, 호흡을 몇 분만이라도 할 수 없는 상황이 오면 심장이 뛰고 숨쉬는 활동이 얼마나 소중한지 깨닫는다.

왜 건강할 때 그 고마움을 알지 못하고 행복할 때 행복을 느끼지 못할까? 반드시 고난과 실패를 겪어야만 삶의 가치를 새롭게 느낄까? 우연히 2년 전의 방송에서 남성합창단의 노래를 들었다. 낯이 익은 배우들이었다. 대부분 40대 후반과 50대 중년의 남자 배우였다. 노래도 한 번쯤 들었던 곡이다. 조용필의 〈바람의 노래〉였다. 노래를 시작하기 전에 내레이션이 나왔는데 처음엔 무슨 소리인지 잘 들리지 않는다. 가만히 들어보니 20대 30대 젊었던 과거를 돌이켜 보면서 그 시절의 자신과 대화하는 장면이었다.

"그렇죠, 뭐.."
"다 자기 얘기들이죠"
"좌절과 실패와 고뇌와..."
"30대의 너로 돌아가서 얘기할 게, 잘 들어봐라~"
"너는 계속 앞이 안 보이니까 불안하고 답답하고 겁이 많이 나겠지"
"그때는 진짜 미친 듯이 잘해야 된다는 강박관념이 너에게 많았던 것 같아~"
"너 잘 될 거야, 미래에 큰 꿈들이 있으니까. 조금만 기다려봐"
"생각보다 인생이 재미있어, 힘내라!"

배우들 저마다 젊은 시절의 자신으로 돌아가서 그 때의 자신에게 용기와 위로를 주는 메시지였다. 내레이션이 끝나고 이종혁 배우가 스타트를 끊으면서 노래하는데 울림을 준다. 계속 듣고 있으니 갑자기 감동이 밀려온다. 권인하가 후렴구를 다시 부를 때,

"나의 짧은 지혜로는 알 수가 없네, 내가 아는 것은 살아가는 방법 뿐이야"
"보다 많은 실패와 고뇌의 시간이, 비켜갈 수 없다는 걸 우린 깨달았네"

9명의 배우가 합창을 하는 후렴구에 가서는 나도 모르게 합창소리에 압도되면서 눈물이 후두둑 떨어졌다.

맞아...!

마치 나를 두고 하는 이야기 같았다. 가사가 나의 가슴에 파고든다. 중년을 지나가면서 내가 느낀 감정이었다. 세상을 살아가는 방법만 터득하려 했던 나였다. 울림이 강하게 다가왔다. 이런 감동, 오랜만이다. 9명의 중년 배우가 부르는 화음은 웅장했고 나의 마음을 뒤흔들어 놓았다. 각자가 자신의 인생 이야기를 하고 있었다. 음악은 이렇게 삶의 이야기와 만날 때 큰 울림을 전한다.

감동이 지나간 후, 잠시 나를 돌아본다. 노래의 가사처럼 누구나 실패와 고통을 피하면서 살고 싶지만 고난은 결코 우리를 그냥 지나치지 않는다. 부인할 수 없는 삶의 현실이다. 지난날을 돌이켜본다. 실패와 고통의 시간이 떠오른다. 그때의 나는 그 시련의 시간에 어떻게 반응했을까?

어릴 때 넌 조금 얼뜨고 어수룩했지. 꿈이 많았던 사춘기를 지나는 시간이었어. 넌 호기심은 많았지만 내성적이라 수업시간에 궁금한 게 있어도 질문도 잘 못했지. 어린 시절의 교실은 그럴 분위기도 아니었지. 고등학교에 올라가면서 일탈을 하고 싶은 마음에 친구들과 술과 담배를 몰래 했지. 이성에 눈을 뜨면서 같은 아파트에 사는 여학생을 혼자 좋아했던 기억도 나지? 근데 어느 날, 모든 게 끝이 났지. 독감이 심하게 왔는지 기침이 그치질 않았어. 약을 먹어도 낫지 않아 뒤늦게 큰 병원에 갔더니 중증 폐결핵이라는 진단을 받았었지.

그때, 넌 얼마나 힘들었을까? 너는 어려서 그 병이 얼마나 무서운 것인지도 몰랐지. 병은 시간이 갈수록 깊어지고 너의 몸과 마음을 지치게 했지. 병을 핑계삼아 학교도 자주 결석하니 친구들과 어울리지 못하고 즐거움이 전혀 없었지. 통증은 갈수록 심해지면서 이렇게 고통 속에서 죽을지도 모른다는 두려움에 떨곤 했지. 그럼에도 불구하고, 너는 결국 그 고통을 잘 견뎌냈어. 그때 삶을 포기하지 않고 입 앙 다물고 버티고 성장해 줘서 장하다!

30대 중후반의 나이, 미국에서 공학박사학위를 받고 돌아온 너는 젊은 나이에 본부장, 대표이사까지 맡았으니 사회적인 지위도 얻었지. 회사가 제공한 기사가 딸린 차량 뒷자리에 앉아 있을 때의 느낌, 기억나지? '세상에 공짜는 없다.'는 사실 말이야. 직장에서 직책, 직위, 연봉이 올라갈수록 그에 따른 대가를 반드시 치러야 했고, 힘든 시간이었지만 그 짧은 성취감마저 오래가지 못했지. 고난은 항상 예고 없이 불쑥 네 앞에 머리를 내밀고 버티면서 널 비켜가질 않았어. IMF 외환위기라는 처음 들어보는 국가적 위기가 와서 넌 직격탄을 맞았지. 회사는 부도나고 넌 쫓겨났지. 그날, 엄청 술을 마시면서 펑펑 울었지. 한바탕 울고 나니 시원하더군. 넌 그때 누구를 원망할 수도 없었지. 모두 네가 선택했고 네가 원했던 '성공'이라는 길이었으니까. 다시 깨진 무릎을 털고 일어나야 했어.

미국에서 받은 박사학위가 있었기에 그나마 30대 후반에 대학에서 강의를 시작할 수 있었지. 넌 원래 말이 어눌해서 누구를 가르치기는 힘들 거라고 스스로 생각했었지? 근데, 웬걸? 넌 학생들과 정말 잘 어울리면서 놀더구나. 가끔 따사로운 봄날, 교정 뒤에 있는 동산으로 학생들을 데리고 올라가 야외에서 봄바람과 함께 꽃향기를 맡으면서 강의와 토론을 했지. 그때의 너는 열정도 대단했고 무엇보다도 그걸 즐겼지, 그렇지~? 매월 들어오는 급여는 전과 비교하면 절반으로 떨어졌지만 그때 넌 행복했어.

근데, 가끔 회의가 들기도 했어. 계속 이렇게 살아가도 괜찮은 걸까? 뭔가를 성취해야 하는데 쌓아 놓은 것은 없고 시간은 무심히 흘러가니 마음이 답답했지. 하지만 가장으로서 가족을 먹여 살리고 아이들 교육시키기 위해 어떤 과제도 마다 않고 수행했지. 정부나 연구기관에서 발주하는 용역도 하고 국제회의에도 적극적으로 참여를 했지. 앞만 보고 달렸던 시간이었어. 노후를 위해 부동산에 투자하면서 대출금을 갚느라 힘이 들었지만 오히려 그 경제적 부담이 일에 대한 동기부여가 되어 더욱 달렸지.

시간은 정말 쏜살같이 지나갔지. 50대 후반의 인생을 어떻게 살아야 할까? 경제력은 나이가 들수록 더 필요하다는 것은 누구나 다 알고 있지. 돈을 모으는 일은 긴 시간과 노력 그리고 행운까지 필요하지. 50대를 보내면서 넌 고민했지. 돈과 성공을 좇느라 네가 정말 무엇을 좋아하는지 잊고 살았다는 사실을 깨달았어. 너의 내면을 들여다보는 시간을 갖기 시작했지. 지난 삶을 글로 정리하고 싶은 욕망이 일어났던 거야. 글쓰기를 시작한 거지.

지금까지 과거의 너로 돌아가서 대화를 해보니 새삼 네가 새롭게 보여. 내가 모르던 나를 알게 된 느낌이랄까? 이젠 60대 중반을 지나고 있으니 지금의 나와 대화하고 싶어. 또 시작해 볼까? 어느 날, 거울에 비친 환갑이 된 나를 보고 깜짝 놀랐지.

마치 낯선 나라에 들어선 느낌이었지. 몸이 하나씩 고장이 나기 시작해서 그동안 즐겨했던 산행을 그만 둘 수밖에 없었어. 마음으로는 아직 건강하다고 생각하지만 몸은 조금씩 쇠락하고 있었던 거야. 나이가 들수록 몸이 퇴행하는 것을 받아들일 수밖에 없었지, 그렇지? 그럼에도 불구하고 내가 지금 할 수 있는 것은 꾸준히 수영하면서 건강을 유지하고 아내와 함께 건강하게 살기를 바랄 뿐이야.

육체의 건강과 경제력도 중요하지만 정신적 고양을 위해서는 배움이 더욱 필요하다는 것을 느꼈지. 몸의 변화에 순응하고 새로운 것을 배우면서 즐길 수 있는 일들로 채우면 노년을 의미 있게 보낼 수 있을 거야. 인생 후반전을 즐겁게 보낼 수 있는 묘약은 없다고 봐. 인생 별거 아닌데 말이야, 가족과 함께 노릇노릇 구운 고기를 같이 먹고 마시는 즐거움보다 더한 것은 없다는 것을 새삼 깨닫는 요즘이야. 또 다른 기쁨은 젊을 때부터 배움을 통해 새로움을 즐기는 습관을 가지는 것이 좋아. 나이가 들어서 새로운 습관을 들이려고 하면 너무 어려워. 너는 지금까지 했던 것처럼 책 읽고, 글 쓰고, 그림을 그리면서 즐겁게 시간을 보내는 습관을 계속 유지할 수 있기 바래.

"재균아,

넌 그래도 괜찮은 사람이야, 그 정도면 잘 살아 왔어. 결코 자만하지 않고 자신에 대한 너그러움이 보여. 자신한테 관대한 사람은 다른 사람의 평가와 시선에 휘둘리지 않고 마음이 열려 있어 긍정적으로 세상을 바라보지. 넌 앞으로도 삶에 평안과 즐거움을 누릴 수 있을 거야."

꽃이 지고 나서야 봄이 온 줄 알았네

하늘이 갈피를 못 잡고 점점 변덕스러워지는 듯하다. 올봄은 이상기온이 더 심해 꽃까지 혼란스럽다. 평균기온이 올라 진달래와 개나리가 피어나자 목련과 벚꽃도 함께 피더니, 5월에 피어야 할 철쭉까지 자신도 어찌하지 못해 꽃 축제에 참여한다. 지구가 이상기온에 몸살을 앓고 있다는 것을 눈으로 확인할 수 있어 안타깝다.

산책하면서 꽃을 보고 음악도 듣고 유튜브 강의까지 들으면서 걸었다. 한 번에 여러 가지를 했다는 만족감이 들었다. 근데 시간이 지나면서 뭔가 한꺼번에 많이 했는데 기억에 별로 남는 것이 없다. 산책도 하고 꽃도 보고 음악도 들으면서 효율적으로 시간을 보냈는데 말이다. 멀티태스킹은 생산적인 활동이라는 환상에 빠져든 것은 아닌가?

'왜 그렇지?'

여러 가지를 동시에 했지만 하나도 제대로 즐기지 못했다. 이어폰을 통해 음악을 들으면서 걷다 보면, 흘러가는 탄천 물소리, 꽃망울이 피는 모습, 길 모퉁이에 수줍게 피어난 보라색 제비꽃을 보지 못한다. 그렇다고 음악을 제대로 즐겼던 것도 아니었다. 하나도 온전히 즐기지 못한 것이었다.

운전을 하면서 '카톡'을 확인한 적이 있는가? 위험한 일인지 알면서 가끔 본다. 무슨 급한 소식인지 궁금하기 때문이기도 하지만 사실은 습관이 몸에 베였기 때문이다. 식사를 하면서 텔레비전을 동시에 본 적이 있는가? 맛있는 음식을 먹는 동시에 예능도 즐기는 기적은 결코 일어나지 않는다. 아무것도 제대로 즐길 수 없지만 마치 모두 한 것 같은 착각만 들 뿐이다.

멀티태스킹은 착각이었다.

습관적으로 하기 때문에 그 습관을 몸이 인지하지

못한다. 습관이란 것이 그렇게 무섭다. 자신의 습관을 인지 못하고 설사 알아차린다 하더라도 몸이 따라오지 않는다. 우리는 결코 여러 가지를 한꺼번에 할 수 없다. 멀티태스킹 방식으로 할 수 있는 뇌구조를 가지고 있지 않기 때문이다. 여러 가지 일을 하는 것처럼 보이지만 뇌에서는 작업이 전환할 때마다 뇌신경회로의 모드를 바꾼다. 운전을 하면서 자신이 눈치채지 못할 정도로 빠르게 핸드폰을 보는 모드로 전환되기 때문에 어느 한 가지에 집중할 수 없다.

한 가지도 제대로 집중할 수 없으니 즐길 수도 없다. 오히려 뇌는 계속 모드를 바꾸기 때문에 에너지는 더 소모되고 효율성이 떨어져 피곤하기만 할 뿐이다. 멀티태스킹을 할 때 스트레스 호르몬인 코르티솔과 아드레날린 분비를 증가시켜 단기적으로 각성은 되지만 뇌건강에도 부정적인 영향을 미친다. 인간의 뇌는 멀티태스킹에 적합하지 않으며 단일작업인 모노태스킹을 통해 집중력과 창의성을 키울 수 있다고 한다. 어떻게 한가지 일에 집중할 수 있을까? 구체적인 방법은 없을까?

최근에 재택 근무자들이 늘면서 포모도로(Pomodoro)

방법을 사용하는 직장인이 많다. 토마토를 뜻하는 이탈리아어인 '포모도로'는 토마토 스파게티를 만들 때 최적의 시간이 25분이라는 사실에서 유래했다. 업무를 시작하기 전, 해야 할 일을 정리하고 일의 우선순위를 정한다. 일을 시작하면 25분 집중, 5분간 휴식을 3~4회 반복한 후 마지막에 조금 더 길게 30분 휴식하는 방식이다. 처음 시작할 때는 알람이 울리도록 하면 도움이 되겠지만 습관이 되면 저절로 몸에 베어 일하고 쉴 수 있다.

특히 나같이 관절이 좋지 않은 사람에게 효과적이다. 의자에 오래 앉아 있으면 관절에 무리가 가기 때문에 일정한 간격으로 일어나 쉬어야 한다. 이 글을 쓰는 지금도 포모도로 방식을 사용하여 잠시 일어나 물을 마시거나 거실로 나가 잠시 쉬어 보니 효과가 크다. 오전에 글 쓰는 동안에 이 루틴을 사용하면 3시간 정도 글이나 캘리그래피에 집중할 수 있다. 오후에는 수영과 헬스를 하면서 에너지를 다시 충전한다. 예전에는 이것도 하고 저것도 하지만, 결국은 아무것도 못하는 아이러니에 빠져 있지는 않았는지 돌아본다.

오랜만에 공원에 나가니 휴일이라 사람이 많다. 산책을 할 때에도 걷는 '그 순간'에 집중하려고 한다. 미래를 위해 뭔가를 더 하려고 '이 순간'을 저당 잡지 않고, 걸으면서 오로지 내 몸과 마음만 살핀다. 바람이 살랑거리는 소리에 집중하면 내 마음이 고요해진다. 호숫가를 따라 핀 벚꽃이 강한 바람에 날려 속절없이 흩날린다. 고운 꽃잎이 수면을 하얗게 흰 눈처럼 덮는다. 모진 겨울을 끝내 견디지 못하고 온몸으로 떨어진 슬픈 동백꽃 모습을 볼 때와는 다르다. 벚꽃은 피었을 때나 떨어질 때나 모두 아름답고 화려했다.

흩날리는 벚꽃을 가만히 바라본다. 집중해서 보니까 느낌이 다르다. 봄이 온 지도 몰랐는데, 벌써 저만큼 멀리 가고 있음을 알아차린다. '꽃이 지고 나서야 봄이 온 줄 알았네'라는 말에 공감이 된다. 꽃에 내 마음을 집중하지 않으면 내 눈앞에 있어도 보이지 않는다. 그냥 스쳐 지나가는 하나의 장면일 따름이다.

인간은 매일 조금씩 변하는 것에 둔감하다. 어느 날, 문득 눈가에 주름살이 진하게 보일 때, 갑자기 무거운 짐을 들 수 없을 때, 세월의 무상함과 자신의 노화를 실감한다. 신체 변화와 더불어 감정의 변화에 대한 인식에도 임계점이 있다. 사랑했던 연인이 떠나고 난 다음, 오랜 시간이 흘러야 님의 향기가 다시 진하게 사무치게 떠오른다. 가을이 깊어 가는데 '봄날은 가버렸네, 무심하게'라고 뒤늦게 노래한다. 변화를 받아들이는 변곡점이 사람마다 다르다. 이제 시간의 무상함을 받아들이고 현실을 수용할 수밖에 없는 임계점이 나에게 다가왔다.

 가을이 되면 나뭇잎도 마르면서 윤기는 없어지지만 알록달록 예쁘게 단풍 물이 든다. 잘 물든 단풍이 봄꽃보다 더 보기 좋다. 나도 단풍처럼 잘 물들고 싶다. 주름살이 있으면 어떠랴? 말이 입에서 맴돌다 어눌해지고 몸이 둔해지면 또 어떠랴? 더 단순하게 생각하고 천천히 말하고 느긋하게 행동할 수 있어 좋다. 지금 '이 순간'이 켜켜이 쌓이면서 오늘이 곧 어제가 되어 과거가 되고 내일은 또 오늘이 된다. 과거와 미래가 지금 이 순간에 만나서 그렇게 삶의 수레바퀴는 끊임없이 굴러갈 것이다. 봄은 또 오고, 꽃은 피고 지고, 다시 단풍으로 곱게 물이 들 듯이, 모든 것은 죽고 다시 새로이 꽃이 핀다. 모든 생명체의 운명이다. 부정하지 않고 받아들인다.

나이가 들수록 시간이라는 괴물을 잡을 수 없다는 사실만 가슴에 남긴 채 우리는 늙어간다. 일상의 삶 속에서 육체는 퇴행하지만 정신적 즐거움은 놓치지 않고 고양시키며 살아가련다. 나이에 대한 고정관념을 깨고 '늙어간다'가 아니라 '성숙해져 간다'라고 인식을 바꾸면 어떨까? 젊은 시절 초조해 하면서 성공을 향해 달려가던 그런 목표도 이제는 없다. 흐르는 시간 속에 바람처럼 사라져가는 내 삶의 디테일을 글로 쓰고 캘리그래피로 표현하면서 지금 내가 할 수 있는 것에 집중하고 싶다.

예쁘게 물든 저 단풍을 볼 때, 단풍에만 집중하면 그 아름다움이 깊이 내 맘 속으로 파고 들어온다.

봄날이
참좋다

하루하루가 좋지만
봄날이 더좋네요....
좋다.

낯섦과 설렘 그리고 익숙함

 살다 보면 특별할 것 없는 평범한 날이 지루하게 이어질 때가 있다. 그럴 때면 우리는 일상의 진부함에서 벗어나기 위해 여행을 꿈꾼다. 여행지의 그곳은 낯설기도 하지만 설렘도 함께 있기 때문이다. 낯선 새로운 곳을 찾아본다. 서로 열렬하게 사랑했던 연인도 세월의 무게 앞에서 그 익숙함에 의해 차츰 애정마저 그렇게 시들어간다. 낯섦과 설렘 그리고 익숙함이 반복하며 세상에 새로운 것이 없는 것처럼 느낄 때가 있다.

 하루 중 지루함이 찾아오는 시간이 있다. 점심을 먹고 난 나른한 오후, 졸음이 오는 듯할 때 커피 한잔과 함께 음악을 들으며 하루의 피로를 잠시 푼다. 만일 그 음악이 처음 듣는 것이라면? 낯설게 다가올 것이다. 자꾸 들으면 어느 순간 익숙함을 느끼면서 계속 들으면 지루해지고 또 다시 기억 속에서 사라진다. 최근에 우연한 기회로 추천받은 노래는 나에게 울림을 주었다. 4인조 밴드 '넬'의 〈기억을 걷는 시간〉이다. 처음에는 낯설었지만 젊은 시절 한 때 순수했던 기억이 떠 오르면서 자꾸 들으니 노랫말 하나하나가 가슴에 와 닿는다.

> "바람을 타고 쓸쓸히 춤추는 어느 낙엽 위에도, 뺨을 스치는 어느 저녁의 그 공기 속에도~"

가사가 가슴에 와 뭉클하다. 지금껏 삶에 익숙해지면서 이런 순수했던 감정을 잊고 살았던 것은 아닐까? 넬의 부드럽지만 허스키한 목소리와 드럼 소리가 나에게 잠시 젊음의 추억 속으로 빠지게 했다. 음악은 일상의 삶에 지친 우리에게 위로를 준다.

또 다른 노래가 있다. 벌써 3년 전에 나온 노래인데 가끔 카페에서 귓등으로 들으면서 지나친 노래였다. 남매가수 악뮤의 〈어떻게 이별까지 사랑하겠어, 널 사랑하는 거지〉라는 노래다. 처음 들을 때의 느낌은 낯설었다. 유튜브 뮤직 재생목록에 다운로드를 해 놓고 난 뒤 잠시 숙성을 시켰다. 시간이 어느 정도 흐르고 다시 관심이 생길 때, 산책을 하다가 이 노래를 다시 들었다. 이수현의 맑은 미성과 이찬혁의 멜로디가 조화를 이루면서 감동의 시간을 보냈다. 노랫말을 새겨들으니 가슴이 뭉클해졌다. 잠시 가슴이 벅차오르는 시간을 보내면서 생각했다.

왜 지금에서야 감동이 한꺼번에 몰려오는 거지?

처음의 낯선 순간이 지나고 숙성의 시간을 거쳐 어느 순간 관심을 가지고 집중해서 듣는다. 음악은 어느새 익숙해지면서 편안하게 다가왔다. 가만히 생각하니 노래뿐만 아니다. 처음으로 내 귀와 눈 그리고 피부를 통해 접했던 모든 것이 그런 것 같다. 새로운 만남, 새로운 일, 새로운 장소, 새로운 음식, 새로운 책과 옷 그리고 새로운 스포츠 등 모든 것이 처음에는 생소하다. 새롭게 이사간 곳이나 전학을 가서 교실에 들어설 때의 낯선 느낌은 설레기도 하지만 또한 어색한 느낌의 떨림도 함께 찾아온다.

꽃을 가꾸는 것도 같지 않을까? 오래전, 난을 선물 받았다. 처음에는 양란의 화려함에 눈이 부시다가 어느새 익숙해지고 잠시 관심을 갖지 않으면 꽃은 시들어버린다. 그 자리에 항상 있기 때문에 익숙해졌다는 이유로 어느덧

꽃의 존재도 잊어버렸다. 뒤늦게 시든 꽃에 물을 주면서 애정을 가지고 살피니 다시 살아나기 시작했다. 내가 관심을 갖고 정성을 들여 피운 꽃은 이전의 꽃과는 전혀 다른 느낌으로 다가왔다. 그 꽃은 나에게 의미가 있었다, 다른 어떤 화려한 꽃보다 더 아름답고 예뻤다. 그것은 내가 관심과 애정을 쏟은 사랑이었다. 김춘수 시인이 노래한 〈꽃〉의 의미가 되살아났다.

사람을 사랑하는 마음도 같지 않을까? 처음 만나 떨리고 설레는 마음이 있었지만 어느 순간 익숙해지면서 어느새 사랑하는 마음이 차츰 희석되기 쉽다. 에리히 프롬은 『사랑의 기술』에서 "사랑은 자신을 주는 것."이라 했다. 자신 안에 기쁨, 관심과 호기심으로 채워진 사람만이 사랑을 줄 수 있다는 의미다. 자기 자신을 사랑하지 않는 사람은 타인에 대한 사랑도 금방 고갈되고 권태나 집착이라는 괴물이 찾아온다.

사랑의 에너지가 자신에게 없는데 어찌 남에게 줄 수 있을까? 사랑도 낯섦과 설렘을 거쳐 그(녀)에 대해 알고 싶은 관심과 호기심이 생기면서 익숙해지는 과정을 통과한다. 가만히 생각 없이 흘러가면 그 종착역은 불행히도 권태와 무료함이다. 사랑은 일시적 감정이 아니라 관심이고 의지이자 인내라고 하지 않았는가?

사랑의 출발점은 자기 자신이다. 자신을 존중하고 사랑하면서 스스로에게 책임을 질 때 사랑의 힘은 타인에게 전달된다. 나이가 들어가면 모든 게 익숙하고 심드렁하고 호기심과 관심이 사라지고, 그렇게 삶의 이유도 사랑의 에너지도 고갈된다. 더 이상 정신적으로 지적으로 정서적으로 성장하지 않는다. 하늘 아래 새로운 것이 없다고 한다. 하지만 모든 게 익숙해질 때즈음, 다시 어린 시절로 돌아가서 세상을 새롭게 볼 수는 없을까? 세상에 대한 관심과 호기심이 필요한 이유이다.

처음 글을 쓸 때도 마찬가지였다. 글을 쓰고 싶은데 어떻게 써야 하지? 글쓰기를 시작할 때가 가장 어렵다. 낯설기 때문이다. 어떻게 해야 할까? 브런치 플랫폼에 작가 신청을 할까 고민했다. 그때, 고인이 된 정주영 회장이 자주 했다던 말이 생각난다.

"이봐, 해 봤어?"

'그래 까이껏, 한번 해보고 브런치 작가 신청해서

떨어지면 다시 신청하지 뭐'. 다행스럽게 며칠 후, 승인을 받고 글을 올리기 시작했다. 처음에는 설렘과 두려운 감정이 오고 갔다. '글을 올릴 수 있을까? 반응이 없으면 중간에 그만둘까?'라고 걱정도 했다.

'일단 해보는 거지 뭐'

'시작이 반이다.'라고 하지 않았는가? 글을 쓰기 시작하면서 '좋아요' 혹은 '댓글'로 독자들의 반응을 보면서 계속 글을 쓸 수 있었다. 혼자 일기를 쓰는 것과는 달랐다. 글에 대한 책임감도 따라왔다. 혹시 내가 말로만 하고 행동이 따라주지 않으면 어떡하지? 라는 생각을 하면 글에 대한 무게감이 느껴졌다. 익숙함도 함께 따라왔다. 그때 다시 초심으로 돌아가서 세상과 사람에 대해 호기심을 갖는다. 그것은 나를 사랑하는 길이자 독자를 존중하는 마음이다.

사실은, 나이가 들수록 보고 듣는 것에 새로운 것이 없다. 그 익숙함에서 벗어나 호기심을 가지고 자신을 가꾸고 사랑할 수 있을까? 어떻게 해야 새로운 시선으로 세상과 타인을 바라보고 관심을 가질 수 있을까? 일상에서는 그동안 즐기지 않았던 음악, 초현실 추상화,

전혀 다른 장르의 소설 등을 자주 접하다 보면 가능하지 않을까? 새로운 것은 처음에는 낯설어 불편하지만 설렘도 있다. 오감을 통해 들어오는 새로운 자극에 나의 몸과 정신을 예민하게 열어 낯설지만 관심을 가지고 느끼고, 바라보고, 생각하고, 상상하고 싶다.

사랑의 출발점은 관심과 호기심이다. 연구도 관심과 호기심에서, 예술의 창작 활동과 취미생활까지도 호기심에서 출발한다. 사랑과 행복은 특별할 것 없는 평범하기 그지없는 일상의 삶 속에 있다. 마치 보물처럼 아주 보통의 하루 속에 숨어있는 듯하다.

연둣빛 여름날
……

삶에 음악이 흐른다면

월요일,

다소 늦은 출근시간이다. 약속이 있어 오랜만에 버스를 타고 지하철로 환승하여 시내에 나갔다.

버스 정류장에는 아직 긴 줄이 늘어서 있다. 버스 몇 대를 보내면서 기다리다 마침내 버스를 탔다. 버스 안은 고요했다. 정적이 흐른다. 오랜만에 버스를 타니 내부 풍경이 낯설다. 게임을 하는지 손가락이 핸드폰 위를 분주히 오가는 청년, 이어폰을 귀에 꽂고 음악을 듣는지 눈을 감은 젊은 여성이 보인다. 빈자리를 찾아 앉았다.

옆자리에는 등산복을 입은 내 나이 또래의 남성이 앉아있다. 전화로 청계산 입구에서 만나는 장소를 확인하는지 계속 시끄럽게 통화를 한다. 나 역시 소음을 차단하기 위해 이어폰을 꺼내어 귀에 꽂았다. 내가 좋아하는 음악을 들으니 마치 부유하던 먼지가 가라앉듯이 마음이 차분해진다.

버스 내에는 온통 무거운 기운이 내려앉아 있다. 오랜만에 버스를 탔기에 느끼는 분위기이겠지만 예전에도 늘 그랬던 것 같다. 내가 느낀 그 버스 속에서의 감정 덩어리는 한마디로 '무력감'이었다. 퇴근길에서 느낄 수 있는 '피로감'과는 다른 것 같았다. 하루의 일과에서 일에 집중하느라 기력이 일시적으로 소진되어 나타나는 피로감과는 다르다. 피로는 휴식을 취하면 다시 활력을 찾을 수 있다. 무기력은 삶의 활력을 잃고 찌든 모습이다.

출근길 버스 안에서 느낀 무기력한 기운은 안락한 의자에 앉아 뭔가를 하고 있지만 삶의 활력은 전혀 없는 모습이다. 버스 속의 얼굴에는 나의 가족이 보이고, 친구, 동료, 후배, 선배들이 있다. 가족을 먹여 살리기 위해 팀장이 요구하는 보고서에 토씨 하나하나 고치면서 몇 번을 새로 작성해야 하는 나의 아들, 아침에 엄마와 떨어지기 싫어서 우는 아이를 유아원에 보내고 헐레벌떡 회사로 출근하는 나의 딸들이다. 밥벌이를 위해, 더 높은 자리로 올라가기 위해 사장이 터무니없는 헛소리를 해도 그 앞에서는 웃으면서 머리를 조아려야 하는 나의 후배도 있다.

우리는 극단적인 경쟁에 내몰리고 있다. 초등학교부터 시작하여 대학을 졸업하고 직장에 와서도 경쟁하면서 살아남아야 한다. '오래 버티는 자만이 살아남는다'라는 무지막지한 신념으로 살아간다. 매일의 출근길이 사막에 있는 것처럼 삭막하다. 일상이 사막화가 되었다. 그나마 사람들은 잠시나마 휴식을 갖기 위해 게임이나 SNS, 짧은 영상을 본다. 무료하고 피곤한 상태에서 벗어나기 위한 것이지만 결국 다시 무의미함 속으로 빠져든다. 일상으로 돌아오면 무기력해지고 그것을 해소하기 위해 다시 게임, 숏츠, 인스타그램 혹은 먹방 TV에 빠져든다. 무기력과 무의미의 무한 반복이다.

자신의 몸으로 체험하지 못하고 남이 하는 것을 보면서 대리만족을 하고 있어 잠깐 흥분되지만 금방 무기력에 빠진다. 직접 요리하지 않고 그저 남이 먹는 모습을 보는 것을 즐긴다. 그 요리도 배달을 받아 자신의 식욕을 쉽게 해소한다. 숏츠 영상에 빠져들어 잠시 들뜨고 즐겁지만 다시 무기력에 빠진다. 구경꾼으로 남아 소비만 하다 보면 자연히 권태에 빠진다. 쇼펜하우어는 "고통과 권태가 없는 삶이야 말로 가장 행복한 삶이다. 그것이 바로 행복의 절정이다"라고 말했다. 하지만 우리의 현실에서의 삶은 고통과 권태의 진자추에 매달려 살아가고 있지 않은가?

운전을 할 때도 비슷한 느낌이다. 직접 운전할 때와 조수석에 있을 때의 기분이 다르지 않던가? 내가 직접 오감을 이용하면서 운전대로 차를 통제할 때는 불안감이 줄어든다. 오히려 조수석에 있을 때가 더 불안하다.

왜 그럴까?

내가 직접 통제할 수 없는 상황 때문이다. 직접 개입하고 싶어도 할 수 없는 방관자가 되기 때문에 몸은 편안할지 몰라도 마음은 결코 편치 않다. 도로 상황이 조금만 좋지 않거나 하면 불안감은 증폭된다. 내가 직접 개입할 수 없고 통제할 수 없기 때문이다. 조수석이나 뒷자리에 있으면 멀미를 하기 쉬운 이유이다.

일상의 삶, 역시 마찬가지가 아닐까? 운전석과 조수석의 차이이다. 운전대를 누가 잡고 있는가에 따라 삶의 방향이 달라진다. 본인이 직접 통제하고 삶의 도전에 역동적으로 대응하는가? 아니면 구경꾼이 되어 조수석에 앉아 안락하지만 무기력하게 소극적 방관자로 남는가? 내 삶의 운전대를 내가 잡고 있는지 수시로 확인할 필요가 있다. 삶의 주체성은 독서를 하는 방식에도 나타난다.

예전에 시간이 있으면 책을 읽곤 했다. 책을 읽을 때에는 감동이 오지만 책을 덮는 순간 금방 그 내용까지 잊어버린다. 왜 그렇게 남는 게 없을까? 책의 내용은 무작위적으로 나의 무의식 속에 차곡차곡 쌓였겠지만 필요할 때 쉽게 불러내 올 수 없다. 이 또한 왜 그럴까? 글을 읽는 행위는 입력이고 쓰는 것은 출력이다. 입력만 계속하고 출력을 하지 않으면 사고의 변비에 걸리기 때문이다. 글을 읽는 목적 중에 가장 큰 것은 글을 쓰기 위해서이다.

글을 쓴다는 것은 적극적인 행위이기에 많은 생각을 하게 된다. 그 생각이 꼬리를 물어 무의식에 잠겨 있던 생각을 불러 일으키면서 사고의 범위가 확장되는 느낌이 든다. 책을 읽을 때도 내가 그 책을 쓴 작가의 입장에서 볼 수 있는 능력이 생긴다. '나 같으면 이렇게 쓰고 싶다, 혹은 이런 내용은 차라리 없는 것이 낫겠다'라고 비판적인 시각에서 바라볼 수 있다. 심지어 글을 쓰면 내가 쓴 대로 행동하고 싶고 그렇게 되기를 바라는 마음이 저절로 생긴다. 당신이 간절히 바라는 것이 있으면 그것을 글로 써보라. 떠오르는 상념은 금방 달아나지만 나의 글은 내가 원하기만 하면 다시 보고 되새김하면서 의지를 키울 수 있는 힘이 생긴다.

영상도 마찬가지다. 우리는 유튜브를 통해 수많은 동영상을 보고 있지만 정작 자신만의 영상을 만드는 것은 꺼려한다. 일단 한번 해보면 쉬운데 막상 하려면 주저한다. '실패를 하면 어떡하지' 하는 두려움이 있기 때문이다. 영상을 만드는 법은 아주 쉽다. 아이폰에 내장된 아이무비를 이용하여 그리 어렵지 않게 영상을 만들 수 있다. 영상을 제작하려면 글을 쓸 때처럼 먼저 스토리를 구상해야 한다. 그런 후, 스토리에 맞게 사진과 동영상을 순서에 맞게 넣은 후 한번 리뷰를 해 본다. 아직 사진만 순서대로 흘러가기 때문에 마치 '앙꼬 없는 찐빵'처럼 뭔가 부족하다. 그 다음 자막을 넣으면 의미가 전달되지만 아직 뭔가 아쉽다.

배경 음악(BGM)을 넣고 이어폰으로 들으면 아름다운 선율이 흐른다. 단조로웠던 영상에 살아 숨 쉬는 듯한 활력을 불어준다. 한 편의 아름다운 '스토리'가 담긴 영상으로 탄생하는 순간이다. 최근에 여행을 다녀온 후 영상을 만들면서 베토벤의 '월광 소나타' 3악장을 배경 음악으로 넣었다. 3악장은 초반부터 베토벤 특유의 긴박하고 격정적인 분위기의 선율과 화성으로 1악장과는 완벽한 대조를 이룬다. 3악장에는 베토벤이 사랑했지만 귀족 출신의 연인 줄리에타와 헤어질 수밖에 없는 고통을 음악으로 표현하고 있는 듯하다. 영상의 아름다움이 음악을 통해 더욱 풍부해졌다. 영상에는 '나의 스토리'가 있기 때문인지 피아노 선율만을 들을 때와는 전혀 다른 느낌을 준다.

음악은 사막과 같은 현실 속에서 듣는 이로 하여금 열정적인 감정으로 몰입하게 만든다. 음악과 그림은 우리에게 일상의 무료함과 권태에서 벗어나게 하고 삶에 활력을 준다. 우리의 일상에도 다양한 배경음악이 깔린다면 삶의 한 순간이 영화의 한 장면이 되지 않을까?

단조로운 일상의 권태에서 벗어나 삶을 풍요롭게 하는 것이 어찌 음악뿐일까? 미술, 문학, 철학, 영화, 운동이 그러하다. 몸으로 직접 체험하면 효과가 배가 된다. 감각기관을 활짝 열어서 마음껏 보고, 듣고, 향기를 맡고, 맛보고, 만지면서 생산하고 즐길 수 있을 때 나 답게 주체적으로 살아가는 길을 찾을 수 있지 않을까? 단순한 소비자 입장이 아니라 직접 생산자로 참여하면 자신이 성장하고 있다는 느낌과 성취감을 가질 수 있다.

창작자로 가는 길은 작은 시작에서 출발한다. 하루 한 문장이라도 내 생각을 메모하고 기록하는 습관을 들인다. 책을 읽으면서 혹은 대중가요나 클래식이던 상관없이 음악을 들을 때, 아니면 공원에서 먼 산을 바라볼 때 떠오르는 생각과 나의 감정을 섬세하게 느끼면서 그 감정을 글로 쓰기 시작한다면 '읽는 사람'에서 '쓰는 사람'으로 변하기 시작한다. 창작자로 바뀌는 그 변화가 바로 자기 성장으로 발전한다. 몇 년 전부터 브런치를 통해 내가 글을 쓰면서 직접 경험한 것이니 믿어도 좋으리라.

"음악은 우리의 삶을 놀라움으로 가득 채운다."
"음악은 우리가 감정을 표현하는 가장 강력한 방법이다."
"어떠한 일이 있더라도 운명에 져서는 안 된다."

- 베토벤-

일상의 삶을 낯설게 하는 것들

 평소에 항상 궁금했다. 창조적인 일을 할 수 있는 사람은 어떤 능력이 있을까? 화가, 음악가, 소설가, 시인, 과학자들은 어떻게 세상에 새로운 것을 내어 놓을 수 있을까? 세상을 흔드는 그 창조의 힘은 어디서 나왔을까? 이런 궁금증을 안고 구글 이미지에서만 본 화가의 명작을 직접 보기 위해 여행길에 올랐다. 네덜란드대학에서 박사후 과정을 밟고 있는 딸을 볼 겸 한달 체류할 일정이었다.

 암스테르담에서 출발한 비행기는 한 시간 반 만에 빈 국제공항에 착륙했다. 베토벤과 요한 슈트라우스가 살았고 모차르트가 전성기에 〈피가로의 결혼〉 등을 작곡하고 슈베르트가 태어난 음악의 도시 빈에 왔다.

수백 년 유럽을 휩쓸었던 합스부르크 왕가의 화려한 흔적이 그대로 남아있는 도시. 공항 터미널을 지나면서 벽면에 클림트의 〈키스〉가 LED 대형 화면에 가득하다. "클림트의 키스를 보기 전에는 빈을 떠나지 마세요…" 라는 텍스트가 화면에 흐른다. 클림트의 도시다.

아내와 딸과 함께 나오는데 한때 공군장교 동기였고 지금은 국제원자력기구(IAEA)에서 근무하고 있는 친구가 반갑게 맞이한다. 공항에 마중 나와서 내 숙소까지 차를 태워주었다. 아직 시간이 낮 12시밖에 되지 않아 호텔 체크인이 되지 않아서 어떻게 할까 고민하다가 친구 집이 가깝다고 하여 그곳으로 갔다. 친구집에서 와인을 몇 잔 마시니 대낮부터 살짝 취기가 오른다. 친구가 바쁜데도 불구하고 마중 나오고 집에까지 초대를 해주어 고마웠다.

시간이 되어 다시 숙소로 갔다. 내부가 깔끔해서 마음에 들었다. 다음 날 아침, 숙소 근처에 있는 공원으로 산책을 나갔다. 여행지에서 가장 먼저 하는 일이 낯선 곳에서 산책을 즐기는 것이다. 공원이 도심에 있지만 아름드리 나무가 우거져 있고 꽤 넓었다. 한 바퀴 돌아서 숙소로 오니 약 두시간 정도 걸렸다. 적당한 거리다.

처음이라 낯설기는 하지만 고색창연한 건물 사이에 위치한 짙은 녹색으로 뒤덮인 공원이라 탐색하는 기쁨이 있다. 유럽은 어디든 가까운 곳에 공원이 있어 좋다. 네덜란드에서도 아침마다 공원 산책을 했다. 푸르고 드넓은 잔디밭에 뛰어노는 강아지들이 있고 그 옆에는 호수가 있는 공원이었다. 이곳 예술의 도시 빈에서도 잔디밭 의자에 앉아 햇살을 받으며 커피 한 잔을 마셨다. 어느새 새로운 도시 환경에 익숙해진 느낌이 든다. 내일은 드디어 그림을 보는 날이다. 살짝 설렌다.

클림트의 그림은 찻잔, 마우스 패드, 그림엽서 등을 통해 너무 많이 보았다. 심지어 구글의 증강현실을 통해서도 봤지만 실제로 보면 감동이 더하지 않을까 기대가 컸다. 클림트의 그림을 내 맨 눈으로 보기 위해 일부러 여기까지 왔다. 벨베데레 궁전으로 가는 길은 한여름 오전이지만 벌써 정수리에 꽂히는 햇볕이 무척 강렬했다.

트램에서 내려 출입문을 찾는 짧은 시간이었는데 따가운 햇살로 인해 얼굴이 화끈 달아오른다. 기온은 34도에 가깝지만 습도가 낮기 때문에 그늘로 다니면 그나마 참을 만하다. 벨베데레 궁전의 담벼락을 따라 한참 걸으니 궁전 안으로 들어가는 옆 문이 나왔다. 마치 베르사유 궁전의 정원에 온 것처럼 넓다. 잠시 바로크 양식의 프랑스식 정원의 화려함에 압도되었다가 궁전 안에 있는 미술관으로 들어갔다. 미술관에 들어서자 웅장한 로비와 2층으로 올라가는 대형 계단의 화려함에 다시 감탄한다. 계단참에서 창문을 통해 바라본 궁전 정원은 아름다웠다.

마침내 클림트의 그림이 있는 실내로 들어간다. 빈의 아방가르드를 내세우면서 보수적인 예술과 전시 정책에 반항하면서 '분리주의'를 주창한 클림트였다. 한쪽에서는 한 무리의 사람들이 대형 그림 앞에서 사진을 찍으면서 다소 시끄러웠다. 바로 클림트의 〈키스〉가 있는 방이었다. 멀리서 그림을 보는 순간, 원본을 보고 있다는 감동은 있었지만 강렬한 인상은 없었다. 큰 감흥이 없다. 기대가 크면 실망도 크다고 했는데 그런 것인가?

너무 기대를 해서 그럴까? 과잉 의도 증후군인가? 너무 잘하려고 의식하면 오히려 망쳐버리는 경우가 그렇다. 가까이에서 감상할 공간도 없다. 작품이 지나치게 유명하면 감상자에게는 결코 좋지 않다. 마치 루브르 박물관에 있는 〈모나리자〉 그림을 보고 실망하는 것과 같은 이치이다. 그림을 사진에 담고 가겠다는 생각에 사람들 사이로 들어가 사진을 찍었다. 제대로 그림을 감상하지 못한 채 자리를 다음 사람에게 넘겨주어야 했다. 실망이었다.

떠밀리다시피 하면서 다른 방으로 건너가니 에곤 실레의 그림이 있었다. 실레의 〈포옹〉이라는 그림이 눈에 먼저 들어온다. 붓 터치가 굵고 선이 거칠다. 두 남녀가 서로 뒤틀린 자세로 포옹하고 있다. 살 냄새가 뭉클 나는 남녀가 침대 위 엉클어진 시트 위에서 뒤틀린 자세로 격렬하게 포옹하는 모습이다. 심장 박동이 빨라지는 것을 느낄 수 있었다. 그림 앞에 오래 서 있었다.

에로틱한 느낌보다 두 남녀의 포옹에서 알 수 없는 원초적 불안을 느꼈다. 성적 욕망에 불타 사랑을 나누지만 전혀 달콤하지 않고 몽환적인 느낌도 없다. 한마디로 도발적이고 강렬했다. 결코 아름답지 않은 그 모습에서 오히려 진한 감동을 받았다. 작품을 보면서 엑스터시(Ecstasy) 상태에 빠지는 '스탕달 신드롬'을 느끼지 못했지만 말이다.

실레는 클림트의 제자였지만 클림트와는 전혀 다른 느낌의 그림을 그렸다. 〈키스〉처럼 몽환적이지도 화려하지 않았지만 그 뒤틀린 구도에서 뭔가 인간의 내면에 있는 반항하는 본능을 표현하는 매력이 있었다. 클림트의 화려함과 세련됨과 다르게 색상은 어둡고 붓 터치가 거칠었다. 클림트의 〈키스〉에서 볼 수 없는 인간의 격정적인 욕망을 고스란히 전달하였다. 성적 욕망을 감추지 않고 거침이 없다. 당시 비평가들은 포르노라고 비난했다고 한다. 지금 보더라도 외설적이고 과감한 표현기법이다. 실레의 그림에서 느낄 수 있는 인간의 욕망과 불안은 어디서 왔을까?

다음 날, 에곤 실레의 그림을 더 보기 위해 레오폴드 미술관을 갔다. 실레의 그림을 가장 많이 소장하고 있는 곳이다. 에곤 실레는 자신의 몸을 그리는데도 거침이 없다. 자화상을 통해 인간의 욕정을 숨김없이 과감하고 도발적으로 그렸다. 강렬한 붓 터치와 어두운 색상으로 표현하면서 타인의 시선을 의식하지 않고 자신이 느낀 감정을 그대로 거침없이 표출했다.

자신의 욕망을 저렇게 적나라하게 표현할 수 있을까? 그 엄숙했던 오스트리아 제국의 시대에서 말이다. 거침이 없는 붓터치가 좋았다. 그는 인간의 내면세계를 파헤치는 정신분석학자인 지그문트 프로이트와 같은 느낌이 든다. 에곤 실레는 많은 자화상을 그리면서 자신의 내면에 있는 이중의 자아를 알고자 했던 것은 아닐까? 실레의 자화상에서 셀피 찍기를 좋아하는 우리의 모습이 겹쳐진다. 아쉽게도 셀카는 인간의 내면을 제대로 표현해내지 못한다.

〈죽음과 소녀〉라는 그림도 인상적이다. 4년간 동거하면서 실레의 모델이 되어 준 발리 노이칠과 이별하는 장면을 묘사한 그림이다. 실레는 영악하게 자신의 더 나은 앞날을 위해 현실과 타협했다. 가난하고 어렵게 자라온 발리와 이별하고 중산층 출신의 지적인 여인인 에디트 하름스와 결혼하기로 결심했다. 다만 결혼 후에도 실레는 발리와의 관계를 계속 유지하길 원했다. 영화 〈에곤 실레: 욕망이 그린 그림〉을 보면 그는 양다리를 걸치려 했던 것이다.

이렇게 지질한 면도 있는 에곤 실레이기에 그가 더

인간적으로 다가온다. 발리는 그 이야기를 듣고 큰 실망 속에 크로아티아로 가버린다. 거기서 종군 간호사를 하다 2년 후, 성홍열에 감염되어 죽음을 맞이한다. 결국 실레는 1차 대전이 한창이던 1915년 중산층 출신의 에디트 하름스와 결혼했다. 〈죽음과 소녀〉에서 미리 자신의 죽음을 예견한 것일까? 초점이 없이 퀭한 눈에는 죽음의 그림자가 드리운다.

죽음으로 표현된 어두운 남자가 바로 실레 자신이다. 양심은 남아 있었던 것인지 〈죽음과 소녀〉에서는 슬픔만 남아 있다. 특히 발리의 앙상한 팔과 자신의 초점이 없는 눈동자에는 인간적 배신에 따른 고통을 표현한 것 같다. 그는 삶에 대한 에너지와 절망을 성애와 죽음으로 표현했다. 거친 붓 터치, 강렬한 색채와 활력이 넘친 선으로 묘사한 그림은 적나라했다. 인간의 현실적 불안과 죽음에 대한 공포를 그대로 보여주는 듯하였다.

에디트와 결혼한 실레는 안정적인 가정을 꾸리며 살아가려고 하였고 아내의 뱃속에 있는 아이를 상상하며 〈가족〉이라는 그림을 그렸다고 한다. 얼마나 아이를 원했으면 아직 6개월 임신 중인 태어나지 않았던 아이를 그랬을까? 새로 태어날 생명에 대한 희망과 함께 무거운 책임감도 느꼈을 것이다. 첫 아이가 태어났을 때 기쁨과 함께 어깨를 누르는 그 묵직한 책임감이다. 그는 드디어 빈에서 예술가로서 명성을 얻어 빈 외곽에 이층 집을 사서 아틀리에도 만들고 앞으로 행복하게 살 수 있는 시간만 기다리고 있었다. 그러나 세상은 결코 그가 계획한 대로 놔두지 않았다.

바로 눈앞에는 뜻하지 않는 비극이 도사리고 있었다. 1918년, 스페인 독감이 유럽을 휩쓸고 가면서 임신 6개월이었던 아내가 아이와 함께 죽었다. 가족이 걸리면 모두 전염되어 속절없이 죽던 시절이었다. 당시에는 지금처럼 백신도 없고 바이러스에 대한 의학적 지식과 치료도 없었다. 얼마나 안타까웠으면 병든 아내를 보면서 자신이 아무것도 할 수 없는 무력감 속에서 죽어가는 아내의 모습을 스케치했을까? 3일 후, 실레도 아내 뒤를 따라 스페인 독감으로 28세 젊은 나이에 세상을 떠났다. 같은 해 클림트도 스페인 독감으로 생을 마감했다. 자신이 이루지 못한 행복을 그림으로 우리에게 영원히 남기고 갔다.

실레는 어린 시절, 같이 놀던 동생이 죽고 곧이어 아버지가 매독으로 고통을 받다 죽음을 맞이한 아픈 기억이 있다. 실레가 지닌 원초적인 불안은 어린 시절 겪었던 죽음의 공포에서 시작되지 않았을까? 그 죽음의 공포와 삶의 고통을 이기기 위해 기존의 모든 권위와 보이지 않는 억압에 도전하고 극복하려고 한 것은 아닐까?

예술가의 창조력은 익숙한 질서와 권위에 대한 반항과 도전에서 시작한다. 그들은 반항하는 혁명가이자 혁신가들이다. 쇼팽과 베토벤이 그러했고 고흐, 클림트, 코코슈카와 실레가 그런 인생을 살았다. 예술가들이 내뿜는 창조의 에너지는 삶의 실존적인 고통에도 불구하고 현실과 타협하지 않고 저항하면서 새로움을 찾고자 하는 힘이 아닐까?

클림트와 실레가 이끈 빈의 '분리주의'는 낡은 사상과 판에 박힌 전통적인 예술과 단절하고 귀족들이 원하는 작품이 아닌 화가 자신의 세속적 욕망을 드러내고 상징적 의미로 표현하면서 실험적인 예술을 시도하는 모더니즘의 싹을 심었다. 예술의 도시 빈에서

'분리주의'를 이끈 구스타프 클림트가 가고 에곤 실레도 갔다.

예술가는 갔지만 그들의 작품은 우리 곁에 영원히 남았다. 그들은 새로운 시각으로 세상을 바라보고 기존의 틀을 깨면서 실패를 배움의 과정으로 받아들이고 끊임없이 도전하는 능력을 가졌다. 예술가는 익숙한 우리의 평범한 일상을 낯설게 하고 감동을 주고 삶을 탐구하는 철학자로 만든다. 그들의 작품을 감상하면서, '인생은 그럼에도 불구하고 열정적으로 운명을 뚫고 살아갈 가치가 있지 않을까?' 생각한다.

그림은

익숙한 삶을 낯설게 하고

넉넉히 감동시키고

깊이 생각하게 만든다.

여름은
어느새
우리곁으로
왔어
요

jKeom

보이지 않는 것을 보게 하는 것들

유튜브를 보다가 〈4월 놓치지 말아야 할 전시〉라는 제목에 눈길이 갔다. 오랜만에 전시회를 가볼까? 라는 마음으로 하나씩 읽어 나갔다. 첫 번째 전시가 〈피카소와 20세기 거장들〉이다. 독일 쾰른 루드비히 미술관에 소장된 피카소 작품을 포함하여 샤갈, 앤디 워홀, 칸딘스키, 잭슨 블록 등의 작품이 포함되어 있다.

두 번째 소개한 전시는 〈에드워드 호퍼〉전이다. 언젠가 한 번은 본 듯한 그림이 나온다. 서울시립미술관이 뉴욕 휘트니미술관과 협업으로 아시아 최초로 호퍼 개인전을 연다고 한다. 현대인이 겪는 도시 속의 고독과 외로움을 표현한 작품이라고 소개한다.

마지막으로 〈데이비드 호크니와 브리티시 팝아트〉

전을 소개한다. 동대문 DDP에서 열리는 전시로 '호크니'라는 타이틀이 나의 관심을 끌었지만 개인전이 아니라 아쉬웠고, 2019년에 열린 개인전도 보지 못해 서운했지만 다음 기회에 보기로 했다.

'눈에 익숙한 것에 더 마음이 끌린다'라는 생각이 들었다. 〈에드워드 호퍼: 길 위에서 From City to Coast〉 전시를 예매하기 위해 사이트로 들어가니 이미 얼리버드 티켓은 모두 매진되었다. '벌써?' 아래로 내려가니 '29CM'이라는 다소 생소한 이름의 예매처에는 아직 남아 있는 티켓이 있다. 얼른 들어가 예매하고 에드워드 호퍼 도록을 찾아보았다.

우리에게 가장 익숙한 그림인 〈밤을 지새우는 사람들, Nighthawks〉는 시카고 미술관에 소장되어 있어 이번에는 볼 수 없어 아쉬웠다. 현대인의 삶의 의미를 상실한 느낌을 극명하게 보여주는 그림이다. 뉴욕의 늦은 밤, 카페에는 함께 연인처럼 보이는 두 사람이 앉아 있지만 왠지 둘 사이에는 외로움이 묻어나 있다. 그 앞쪽에는 뒷모습만 보이는 중년의 남자가 홀로 앉아있다. 어디선가 많이 본 듯한 모습이다.

코로나 팬데믹으로 인해 사회적 거리 두기를 할 시점에 도심의 적막하고 우울했던 우리의 모습이 그대로 그림에 투영되었다. 우린 벌써 그 시간을 잊어버렸다. 무려 3년 이상의 시간 동안 두려움과 불안한 마음으로 마주치는 사람과 가능한 떨어져 지내기를 원했다. 지금은 마치 언제 그런 일이 있었냐는 모습으로 활발하게 모여 얘기하고 여행을 다닌다.

에드워드 호퍼가 표현한 1942년 뉴욕 밤거리와 카페의 모습은 현대에 그대로 재현되고 있다. 현대 도시인은 옛날 노예처럼 주인에 의해 착취당하지는 않는다. 오히려 자신을 스스로 착취하면서 기꺼이 자신을 상품화하고 자신을 소외시키는 삶을 살고 있다. 우리는 어느 때보다 많은 자유를 누리는 것처럼 보이지만 자신의 삶을 성찰할 시간조차 없다. 새벽부터 인플루언서와 셀럽들이 세밀하게 기획한 '미라클 모닝'을 자기 계발이라는 이름으로 따라 한다. 돈과 욕망을 좇아 밤낮이 없는 시간 속에서 스스로 자신의 육체와 영혼까지 갉아먹고 있다. 에드워드는 눈에 보이지 않는 이런 현상을 그림으로 표현했다.

현대인은 왜 스스로를 착취할까? 자본권력이 성과주의에 매몰시켜 스스로 착취하기 때문이다. 자본에 종속된 대중 역시 선택의 자유가 있다고 외치지만 어느새 자본권력에 의해 성과를 달성하기 위해 강박적으로 일에 중독된다. 결국 소모적인 삶으로 인해 자신의 몸과 영혼까지 지쳐버리고 군중 속에서 권태와 외로움에 몸부림치고 있다. 우리가 우울증, 공황장애, 수면장애 등 각종 신경증 증세에 시달리는 이유다.

 과도한 노동으로 인해 잃어버린 휴식의 시간을 누리기 위해 여행을 떠나지만 그 곳에서도 즐길 시간이 없다. SNS에 올릴 사진부터 찍고, 포스팅을 위해 먹고 돌아다닌다. 팔로우어는 인플루언서가 일상에서 연출하면서 소비한 상품, 여행, 건강, 피트니스, 다이어트와 예능 프로그램까지 모방하면서 소비한다. 소비를 통해 인플루언서와 동일한 정체성을 가지려 한다. 소비는 자신의 정체성을 찾는 지름길이 되고 말았다.

 호퍼의 그림이 더 보인다. 〈자동판매기 - Automat〉라는 그림에서는 여성 혼자서 늦은 저녁에 배경이 어두운 카페에 홀로 앉아 있는 모습이다.

Automat는 당시 자동판매기로 음식과 음료를 팔던 식당을 말한다. 이 작품도 미국 아이오와 드모인 미술관이 소장하고 있어 이번 서울 전시에서는 볼 수 없다. 1927년 작품이니까 거의 100년이 지난 지금, 우리 시대의 카페 모습과 너무나 비슷하다. 혼자 앉아 있는 여인의 분위기에서 우리가 겪었던 사회적 거리 두기를 하던 모습이 오버랩 된다.

어떻게 한 시대의 모습을 이렇게 그림으로 적확하게 표현해 낼 수 있을까? 코로나로 인해 서로 거리를 두고 낯설게 떨어져 앉는 모습, 카페 안의 음악이 백색소음으로 흐르는 분위기에 각자 혼자서 뭔가를 하고 있다. 하지만 공허한 느낌, 버스나 지하철 혹은 도심의 길거리에서 얼굴에 마스크를 쓰고 눈만 빼꼼히 내놓은 채 스마트폰을 보면서 마치 좀비들이 걸어 다니는 것 같은 광경을 어떻게 표현할 수 있었을까? 우리가 겪었던 시대상을 한 폭의 그림에 담았다. 그림이 아니면 우리 시대가 겪었던 삭막한 모습을 강렬하고 극적으로 담아낼 수 없는 것은 아닐까?

에드워드 호퍼는 말했다. "내가 말로 표현할 수 있다면 그림을 그릴 이유가 없다." 1차 대전이 끝나고 미국 대공황이 지나 간 후, 1930 ~ 1940년대 역동적이지만 모두 지쳐서 허우적거리는 뉴욕 거리와 그곳에서 살아가는 사람들의 모습을 호퍼는 냉소적이고 우울한 시선으로 바라보았다. 지금 현재를 살아가는 우리의 모습이다. 그 시대의 상황을 호퍼는 세밀하게 관찰하여 한 시대를 살아가는 사람들의 내면의 어두운 감정까지 담아 사실적인 방법으로 표현했다. 그는 현대 도시인이 겪는 내면의 상실, 고독과 단절을 순간적으로 포착하여 빛과 어둠 그리고 텅 빈 공간을 이용하여 우리에게 의미 있는 메시지를 전해주고 있다.

인간은 누구나 고독하다는 사실을 알고 있는 현대인은 이 그림을 보면서 나는 더 이상 홀로 외롭지 않다고 느낄 수 있다. 감상자는 그림을 통해 현대인의 고독을 함께 보면서 공감한다. 우리 인간이 서로 연결되어 있다는 사실을 그림을 보면서 다시금 깨닫는다. 느닷없이 내가 숨을 쉬면서 타인과 더불어 살아가고 있는 지금이 기적이라는 생각이 든다. 너무나 당연하게 여기고 있는 것들을 놓치고 있는 것은 아닐까 돌이켜본다.

봄날에 어김없이 찾아오는 황사와 미세먼지 속을 헤매고 난 뒤에야 맑은 공기가 얼마나 소중한 것인지를 겨우 알아차린다. 지난 3년간 코로나 팬데믹을 겪으면서 우리가 함께 같은 공간에서 자유롭게 만나고 대화할 수 있다는 사실만으로도 감사함을 느끼지 않았던가?

항상 부재와 결핍을 통해서만이 그 존재의 고마움을 느낀다. 우리는 매일 숨을 쉬면서 살아간다. 호흡으로 인해 어떻게 생명 현상을 유지하고 있는지 궁금해서 살펴본다. 맑은 공기를 통해 숨을 들이쉬면서 허파를 통해 들어온 산소는 적혈구에 있는 헤모글로빈과 결합되고, 그 적혈구는 심장의 펌프질로 혈관을 통해 온몸의 세포 속으로 들어간다. 세포 속으로 들어간 산소는 미토콘드리아에서 포도당과 결합하면서 생명의 에너지를 만드는 과정을 상상한다. 단 한 순간이라도 숨을 쉬지 못하는 상황이 오면 산소를 받지 못한 뇌세포는 더 이상 생명 에너지를 만들 수 없어 뇌기능이 떨어지고 결국 인간은 죽게 된다. 이런 사실을 떠올리면 지금 이 순간에 내가 숨쉬며 살고 있다는 것이 얼마나 기적인가?

이 중요한 사실을 우리는 잊고 산다. 왜냐고? 어제도 아무 탈이 없이 지냈기에 오늘 이 순간도 당연한 것처럼 습관적으로 살고 있기 때문이다. 우리가 숨 쉬는 공기에 고마움을 느껴 본 적이 있는가? 그나마 황사가 지나고 맑은 하늘을 보는 그 순간뿐이다. 또 잊고 산다.

내가 지금 손가락을 움직이면서 자판을 두드리며 글을 쓰고 있다는 사실도 기적 같은 일이다. 기적은 타인과의 관계에서도 일어난다. 내가 매일 만나는 가족과 학생, 친구, 동료들의 얼굴에는 각자의 삶에서 자신만의 인생 스토리를 지니고 있다. 그 사람들과 내가 연결되어 있고 그 연결은 아마도 우주와 연결하는 관문이 되기도 할 것이다. 정현종 시인은 〈방문객〉이라는 시에서,

"사람이 온다는 것은 실로 어마어마한 일이다. 그는 그의 과거와 현재와 그리고 그의 미래와 함께 오기 때문이다. 한 사람의 일생이 오기 때문이다."

위대한 예술가의 그림과 시를 감상하면서 다시 한번 어마어마한 기적을 생각하게 된다. 기적과 같은 사건이 매일 일어나고 있다는 사실이다. 산책을 하며 맑은 공기를 들숨과 날숨으로 조용히 느낀다. 내 몸에서

일어나는 가끔 낯설게 보이는 생명에의 의지가 보이지 않는 것을 볼 수 있게 한다.

숨을 쉬면서 산다는 것은 기적 같은 일이다.

감사하다.

모든날
모든순간
함께해

'폴킴' '모든날 모든순간'
E·O·M

> 현재를 살아라. 지금 이 순간을 충분히 즐겨라.
> 그리고 네가 가진 것에 만족하라.

마르쿠스 아우렐리우스

PART 4 인생의 황금기는 지금 이 시간

천 개의 바람이 되어

 추석날 아침이다. 책상에 앉아 있으니 주위가 고요하다. 물을 마시러 식탁으로 가니 전을 구운 냄새가 부엌에서 난다. 오래전에 돌아가신 어머니 생각이, 그동안 잊고 있었던 냄새와 함께 기억 속에서 떠오른다. 마치 잃어버린 기억을 찾는 것처럼 생각난다. 온갖 집안일을 하시고 음식을 만들면서 손과 몸에 배인 독특한 엄마만의 냄새는 아직도 기억에 남는다. 추운 겨울, 공중탕에서 목욕을 하신 후 탈의실로 나오다 갑자기 쓰러져서 뇌출혈 수술을 받은 후, 다시 출혈이 생겨 7년간 투병 생활로 고통만 받고 돌아가셨다. 병문안 갈 때마다 안타까운 마음이었다.

 돌아가신 어머니 생각 끝에 속으로 '엄마…!'하고

불러본다. 그 부름 속에서 어머니 품에서 시작된 나의 삶도 함께 떠오른다. 한 때는 돌이킬 수 없다고 생각한 병마에 시달리면서 어머니를 원망도 했지만, 세월이 지나면서 그 원망이 오히려 내 마음에 죄책감으로 남기도 했다. 돌이켜보면, 참 무모했던 시절이 있었고 순간의 선택이 생각하지 못한 결과로 이어진 일도 많았다. 내가 계획한 대로의 삶은 오지 않고 가끔은 열심히 살아도 인생이 엉뚱한 방향으로 흘러간다는 느낌이 들었다.

후회가 없지는 않지만, 처음 살아보는 인생이니 어떡하겠는가? 모든 게 낯설고, 겨우 익숙해졌다 싶으면 또 다른 낯섦이 찾아오는 것이 우리 삶의 방식인지도 모르겠다. 우리는 낯선 상황에서는 항상 서툴다. 낯설고 익숙하지 않은 순간에 어쩔 줄 몰라 황망할 때도 있었다. 추석 아침, 한 친구의 부고가 다시 생각난다.

비가 세차게 내리고 바람까지 불어 을씨년스러웠다. 가까이 사는 친구의 차로 추모공원에 갔다. 고인의 유골함을 안치하고 마지막으로 영결을 고하는 곳이다. 경기도 광주에 위치한 추모공원에 도착하니 비가 더 세차게 온다. 고인은 고교동창이다. 1학년 때 같은 반

친구였던 그는 유난히 친구들을 끄는 힘이 있었다. 쉬는 시간 친구 자리로 모여들면 그때부터 그가 '썰'을 풀기 시작하면 끝이 없었고 주위에 사람을 모이게 하는 에너지가 있는 친구였다.

졸업 후, 소식이 뜸하다가 서울에서 동창회를 하면 아주 가끔 얼굴을 비추곤 했다. 그후, 늦은 나이에 사법고시에 합격하여 대구로 내려가 변호사로 활동하면서 잊고 지냈다. 어느 날 대구의 한 친구가 '산을 좋아하는 모임'이 있어 밴드에 초청할 테니 들어오라고 하였다. 그 변호사 친구가 대구 근처의 팔공산을 누비면서 '팔공도인'이란 별명답게 왕성하게 산악활동을 하고 있었다. 그해 봄, 친구가 팔공산 산행 중에 실종되었다는 소식이 밴드에 올라왔다. 얼마 안되어 추락사를 했다는 안타까운 비보를 들었다.

나와 깊은 인연은 없었지만 고교시절에 나의 왕성한 호기심을 자극했던, 그의 조용한 반항기가 나의 기억에 오래 남는 친구였다. 유골함이 안치되는 순간을 지켜보면서 가슴 한쪽이 먹먹했다. 한 사람의 마지막을 마주하며 나도 모르게 내 죽음의 모습을 떠올렸다.

나는 어떤 모습으로 죽음을 맞이하게 될까? 과연 내가 바라는 대로 가족들이 나의 곁을 지키는 평온한 임종을 맞이할 수 있을까? 아니면 주위 가족과 친구들에게 작별 인사조차 못한 채 훌쩍 떠나버리게 되지는 않을까? 죽은 후에 영혼은 과연 어디로 갈까? 내가 믿는 신앙 속의 천국은 어떤 모양을 하고 있을까? 온갖 질문이 떠올랐다가 파도처럼 사라지기를 반복했다. 그러다 문득, 노래 한 곡이 마음 속에서 잔잔히 떠올랐다. 이 노래는 마치 내 질문에 대한 말없는 위로처럼 내 안에서 조용히 흘러나왔다.

> 나의 사진 앞에서 울지 마요
> 나는 그곳에 없어요
> 나는 잠들어 있지 않아요
> 제발 날 위해 울지 말아요.
> 나는 천 개의 바람
> 천 개의 바람이 되었죠
> 저 넓은 하늘 위를
> 자유롭게 날고 있죠

영혼에 울림을 주는 〈천 개의 바람이 되어〉라는 노래이다. 죽음은 끝이 아니라 자연 속으로 돌아가는 또 하나의 순환이라 말해주는 이 노래는 내 안의 슬픔을 조용히 달래 주었다. 죽음 이후에 영혼의 세계가 있다고 말하지만 그 세계가 어떤 모습인지 나는 잘 알지 못한다. 다만 분명한 믿음 하나는 있다. 인간의 의식은 육체를 초월하여 하나의 소실점을 향해 나아간다는 것을 믿는다. 그 소실점은 우리가 처음에 왔던 곳, 존재의 본향이다.

프랑스 사상가이자 신학자인 피에르 테야르 드 샤르뎅 신부는 그의 저서 『인간 현상』에서 그 존재의 본향을 '오메가 포인트'라 불렀다. 모든 생명과 의식이 진화의 끝에서 하나로 모여드는 사랑과 통합의 지점이다. 그 오메가 포인트가 죽음 이후 우리가 향하게 될 마지막 이정표가 아닐까? 철학자 앙리 베르그송은 "생명활동은 전진하면서 성장하고 발전하면서 끊임없이 창조해 가는 것."이라고 했다. 그렇다면 우리 개체의 삶과 죽음 또한 하나의 창조적 여정일 수 있다. 태초의 한 점에서 출발한 존재가 영겁의 시간 속에서 각자 생명을 살아내고 다시 존재의 본향으로 돌아가는 과정이 아닐까 생각한다. 죽음은 삶의 끝이 아니라 존재가 완성되는 또 하나의 문턱일지도 모른다. 그 문턱 너머, 우리는 모두 처음 시작된 그 자리, 사랑과 존재의 본향으로 되돌아가리라 믿는다.

창조와 진화가 그물망처럼 서로 얽혀서 관련이 있듯이 삶과 죽음 또한 결코 떨어져 있지 않다. 서로 반대가 아니라 서로를 완성해주는 하나의 흐름이다. 한동안 '웰빙'이 삶의 화두였다면 최근에는 '웰다잉'이라는 말이 조용히 나의 마음 문을 두드린다. 삶과 죽음이 동떨어져 있지 않듯이 '웰빙과 웰다잉' 역시 연결되어 있기에, 잘 살아야 잘 죽을 수 있다는 뜻이 된다. '어떻게 해야 좋은 삶을 살 수 있을까?' 나의 삶에 던지는 질문이다.

이 세상은 잠시 머물다 가는 순례자의 길이다. 죽음은 그 길 끝에서 다시 본향으로 돌아가는 것이라고 생각한다면 삶의 지향점이 달라짐을 알 수 있다. 무엇인가를 쟁취하기 위한 삶이 아니라 더 많이 느끼고, 남에게 무례하지 않고, 더 사랑하고, 그 사랑을 누리고 돌아가는 삶을 생각한다.

우리는 사랑하는 사람의 죽음을 목격하면서 한 번쯤 죽음을 심각하게 생각한다. 하지만 바쁜 일상속으로 돌아가면 금방 세상일에 빠져 죽음은 저 멀리 잊히면서 마음 한 켠에서 이렇게 말한다. '아직은 아니야, 죽음은 나와는 먼 이야기'라고 죽음을 다시 모른 척 외면한다. 하지만 죽음은 늘 예상하지 못한 순간, 조용히 문 앞에 찾아온다. 우리가 준비되지 않은 채 맞이할 때, 존재의 소멸로 여겨져 두려움으로 다가온다. 몸서리치듯 외면하고 싶지만 그때는 이미 늦었음을 깨닫는다. 그렇기에 죽음을 의식하는 삶은 오히려 현재를 더 단단하게 살아내게 한다. 죽음은 삶의 끝이 아니라 삶이 얼마나 귀하고 유한한지를 일깨우는 시작점이다. 지금 이 순간, 나는 어떻게 살고 있는가? 오늘의 삶이 나의 마지막 하루여도 괜찮을 만큼 진실하게 살고 있는가? 다시 나에게 묻는다.

지금 만약 내 삶이 몇 개월 남지 않았다는 사실을 안다면 앞으로 남은 삶의 모습은 완전히 달라질 것이다. 나의 생명이 육 개월 혹은 일주일만 남았다고 하면 무슨 생각이 들까? 글쎄, 지금까지 추구했던 모든 세상적인 고민과 욕망들이 아무 의미가 없어 보일 것이다. 돈이 아무리 많으면 무슨 소용이 있겠는가? 명예와 권력이 있어도 무엇을 할 수 있겠는가?

나는 가끔, 일부러 죽음을 생각해보려 한다. 그 순간,

세속적인 욕망이 나를 얼마나 헛된 그림자 속에 머물게 했는지 분명하게 깨닫게 한다. 누구도 피해 갈 수 없는 죽음을 생각하는 일은 오히려 삶을 더 깊이 사랑하게 만드는 일인지도 모르겠다. 언젠가 반드시 마주하게 될 그 순간을 외면하지 않고 똑바로 볼 수 있다면, 지금 이 시간을 더욱 값지고 품위 있게 살아낼 수 있지 않을까?

죽은 후의 세계에 대해서 우리는 놀라울만큼 무지하다. 오죽했으면 우리나라 최고의 재벌이었던 고 이병철 회장조차 생의 끝자락에서 박희봉 신부에게 신의 존재와 삶의 의미와 함께 죽음 이후의 세계에 대한 수많은 질문을 남겼겠는가? 차동엽 신부가 쓴 책, 『잊혀진 질문』에 고인의 질문이 있다.

1. 악한 사람이 부귀영화를 누리는 이유는?
2. 극단적인 가치관을 가진 사람을 어떻게 받아들여야 하나?
3. 우리나라는 종교가 번창한데 사회문제는 왜 많은가?
4. 내가 사는 이유를 찾는 방법은?
5. 신이 인간을 사랑했다면 왜 고통과 불행 그리고 죽음을 주었는가?

책에는 열 아홉 개의 질문이 더 들어있다. 결국 그 분은 갑자기 세상을 떠나 신부로부터 답변을 듣지 못했다. 한 인간이 죽음을 직면하면서 삶의 자리에서 던진 절박한 질문들이다. 세상의 정점까지 오른 이가 삶의 마지막 문턱 앞에서 마주했던 질문들, 그것은 우리 모두가 언젠가 던지게 될 질문이기도 하다. 공자가 죽음에 대해 언급한 유명한 일화는 『논어』 선진편에 나오는 제자 자로와의 대화에서 나타난다.

자로가 묻기를, "죽음이란 무엇입니까?"하니, 공자가 말씀하셨다.

"아직 삶을 모르는데, 어찌 죽음을 알겠느냐"

공자의 대답은 단순히 죽음에 대한 답을 회피하는 것이 아니다. 공자는 "지금 살아 있는 이 순간에 집중하라. 아직도 배울 게 많은 이 삶을 충분히 살아내면 죽음도 알게 될 것이다."라는 가르침으로 들린다.

죽음이 오면 육체는 더 이상 필요가 없어진다. 마치 고치를 벗어버리고 창공을 자유롭게 나는 나비처럼 말이다. 육신은 나비가 되기 전의 고치처럼 일시적으로 머무는 집이 아닐까? 삶을 마감하는 순간에 내 영혼은 고치를 벗어난 나비처럼 자유롭게 내가 왔던 그곳 본향의 세계로 훨훨 날아가는 꿈을 꾼다.

원래 그렇게 생겨 먹은 걸

"쟤는 왜 오이를 먹지 못할까?"

"이상한 사람이야"

"이해할 수가 없어"

한 때, 〈오이를 싫어하는 사람들의 모임 - 오싫모〉라는 것이 생기면서 회원수가 10만 명을 초과했다고 한다. 대중은 오이를 싫어하는 사람을 향해 "반찬 투정을 하느냐", "아이도 아닌데 편식을 하네"라는 비난의 목소리를 냈다. 나 역시 이렇게 상큼한 냄새와 아삭한 식감을 왜 싫어할까? 이해할 수 없었다. 느닷없이 오이를 싫어하는 그들은 타인으로부터 불편한 시선을 받는 소수자가 된다.

어떤 사람은 채식주의를 고집하고, 어떤 사람은

일주일에 세 번 이상은 고기를 먹어야 한다. 나도 처음에 채식주의자를 이해하지 못했다. '그런다고 세상이 뭐 달라져? 어떻게 풀떼기만 먹고사는 게 가능하지? 도대체 이해할 수 없어.' 혼자 중얼거렸다.

정치적인 성향도 마찬가지다. 보수와 진보 집단의 사람 서로가 왜 나와 다른 시선으로 세상을 바라보는지 이해하지 못한다. 정치적 의견이 다른 집단은 자신의 의견을 최고의 선으로 생각하여 상대방을 경멸하고 배척한다. 서로 조금이라도 이해할 수 있는 방법은 없을까? 나의 신념이 어떻게 내 마음에 공고히 자리잡았는지 그 근원을 찾아보면 알 수 있을 것 같다. 그 실마리를 인디애나 의과대학 윌리엄 설리번 주니어 교수가 쓴 『나를 나 답게 만드는 것들』이란 제목의 책에서 찾아본다.

책에서 우리의 많은 부분은 엄마 뱃속에서 수정될 때 물려받은 유전자의 영향 때문이라고 한다. 태어날 때부터 유전자 영향을 받고 살아가는 운명이라고 강조한다. 하지만 부모로부터 받은 유전자에 절대적으로 얽매인다는 뜻은 결코 아니다. 유전적 요인뿐만 아니라 어떤 환경에서 부모의 영향을 받아 자라나는 것 또한 중요하다고 한다. 마치 자신이 받은 카드의 패는 바꿀 수 없지만 그 카드로 최선의 게임을 할 수 있는 영역이 있다는 것이다. 환경에 의해 절대적인 영향을 받는다는 뜻이다.

환경에 의해 유전자의 발현이 어떻게 변하고 세대를 이어 전달되는지 연구하는 학문이 있다. 후성유전학이다. 스트레스, 학대, 가난, 굶주림 등이 유전자에 흉터를 남겨 세대를 거쳐 부정적인 영향을 미칠 수 있다는 사실을 연구하는 학문이다. 물론 긍정적인 후성유전도 함께 연구한다. 타고난 유전자가 그대로 발현되는 것이 아니라 환경이 유전자의 발현에 영향을 미친다는 것이다.

위에서 언급한 오이를 못 먹는 사람들도 오이의 주성분인 '노다디엔올'의 독특한 향 때문에 싫어한다. 이 성분에 민감하게 반응하는 유전자를 가진 사람은 그 향을 불쾌하게 느끼고, 그렇지 않은 사람은 향긋하고 시원하고 향긋하다고 느낄 것이다. 그건 단지 타고난 차이일 뿐이다. 세상에는 감각에 예민하게 반응하는 소수의 사람들이 있다. 정신적 혹은 육체적 장애를 가진 사람들도 모두 사회적 소수자이다. 문득, 내가 소수자로 살아보면 어떨까? 스스로 상상해본다.

당장 바다 건너 미국이나 유럽으로 여행을 가면 내가 소수자인 것을 몸으로 느낀다. 식당에 가서 낯선 메뉴를 고르고 주문할 때도 왠지 주눅이 든다. 제대로 주문을 했는지, 팁은 얼마를 놓고 가야 하는지, 모든 것이 낯설고 긴장이 앞선다. 더구나 나는 피부색도 언어도 다른 사람이다. 한국에서 '소비자는 왕'이라는데 그 곳에서는 주문을 하기 위해서 일단 종업원과 눈을 마주치기 위해 노력해야 한다. 감히 '벨'을 눌러 종업원을 호출하는 것은 상상도 하지 못한다. 문화가 다른 나라에서 소수자가 겪는 낯섦이다. 내 돈 내고 내가 사 먹는 데도 눈치를 봐야 한다.

가장 힘든 것은 차별이 아니라 자격지심이 발동할 때이다. '내가 영어를 못해서 이런 차별을 받는 걸까', '혹시 나를 무시한 건 아닐까?' 그러다 이런 생각이 든다. 지금 한국에서 살아가는 외국인 노동자들은 어떨까? 그들은 매일 어떤 시선과 감정 속에서 낯선 언어, 다른 문화, 고된 노동을 감당하고 있을까?

저녁 식사를 하러 식당에 가서 주문을 받을 때 억양이 조금이라도 이상하고 말을 잘 알아듣지 못하면 바로 종업원의 얼굴을 쳐다본다. '다시 얘기를 해야 해?'라고 짜증 난 모습을 하면서 종업원을 대한다. 다양한 분야에서 소수자의 인격은 침해 받기 쉽다. 우리는 오이를 싫어하는 소수자에 대해서만 혐오의 시선을 보낼 뿐일까?

나와 다른 정치적 신념을 가진 사람에게는?

나와 다른 종교적 믿음을 가진 사람은?

나와 다른 성적 취향을 가진 사람은?

나와 다른 얼굴색을 가진 사람은?

나보다 능력이 떨어지는 사람은?

가끔 이런 생각을 해본다. 내가 만약 사우디아라비아에서 태어났다면 지금의 나는 어떤 신을 믿고 있었을까? 아마 거의 확실히 이슬람교, 그것도 수니파 신자였을 것이다. 나의 정치적 성향은 어떻게 되었을까? 그냥 그렇게 타고나서 환경의 지배를 받았을 뿐이다. 이렇게 생각하면 내 종교적 믿음만이 절대적이고 나의 정치적 신념만이 가장 합리적이라고 단언할 수 없다는 사실을 인정하게 된다. 내가 노력해서 된 것이 별로 없다. 그렇게 태어났고 서로 다르게 환경에 영향을 받으면서 자랐기 때문이다.

자기 확신에 너무 찬 인간들은 위험하다. 자신만 옳다고 믿는 순간, 상대방을 토착 왜구, 빨갱이, 그리고 불신지옥의 대상으로 만든다. 그 언어는 혐오를 정당화하고 다름을 적으로 규정하며 우리 안에 숨은 파시즘을 드러낸다. 아주 어린 시절부터 우리 모두의 내면 깊은 곳에서 내재되어 왔을지도 모른다. 경쟁만이 강조되던 가정과 교실에서, 오직 성적으로 평가를 받아야 나를 증명할 수 있다는 믿음을 조용히 그리고 단단하게 심어놓았다. 그렇게 만들어진 승패의 질서 속에서 내면에는 나의 높은 성과에 대해서는 오만함이 자라나고 저성과자를 향한 경멸과 멸시가 생겨났다. 그것이 때로는 '신념'이라는 이름으로 타인을 함부로 판단하면서 이편과 저편으로 갈라놓고 낙인을 찍는 것을 아닐까?

인간은 다양한 재능을 갖고 태어났지만 학교에서는 오히려 그 다양성을 말살하는 교육을 하고 있다. 내가 어떤 재능을 가지고 있는지 탐색하는 시간이 학교

교육이지만, 교육조차 다양성이 배제된 사회에서는 인간이 인간 답게 살 수 없다. 인간은 서로 다르기에 함께 살아갈 수 있는 존재이다. 예를 들어, 주의력결핍 과잉행동장애(ADHD) 성향을 가진 사람들은 진화의 관점에서 보면 인류생존에 크게 기여해온 존재일 수 있다. 한 사회에는 집중력이 높은 사람과 충동적인 사람이 모두 필요하다. ADHD 성향을 가진 사람들은 위험을 감수하고 곧바로 행동으로 옮기면서 문제를 즉시에 해결하는 등 나름의 역할로 인해 진화의 관점에 보면 인류의 생존에 도움이 되었을 가능성이 크다. 현대 사회에서 빠른 판단력과 과감한 실행력을 요구하는 분야에서는 ADHD 특성이 오히려 강점이 될 수 있다. 더 이상 나와 다르다는 이유로 비난하거나 배척해서는 안된다. 그 다름 안에는 우리가 아직 이해하지 못한 생명의 지혜와 다양성의 아름다움이 숨어 있을 수 있다.

이 지점에서 소설 『채식주의자』를 다시 생각한다. 한국 소설 최초로 맨부커상 인터내셔널 부문에서 수상한 작품으로 우리의 시선을 끌었다. 처음에 읽으면서 받은 느낌은 과도한 폭력성에 대한 표현에 '이게 뭘까?'라는 놀라움과 함께 '가부장제의 폭력에 대한 고발인가?'라고 생각했지만, 3부를 다 읽고 메시지가 다르게 다가왔다. 우리는 공동체에서 요구하는 것에서 이탈하였을 때 사회적 부적응자라는 낙인을 찍어 광인으로 취급한다. 사회의 구조적 모순을 뛰어넘으려는 사람에게 '미친 놈'이라고 찍어내려 사회에서 아예 보이지 않도록 소외시킨다. 소설의 주인공인 영혜가 채식주의자가 되면서 집안에서 쫓겨날 수밖에 없는 사회를 고발하였다. 인간이 가지고 있는 폭력성과 다양성을 인정하지 않는 우리 사회를 향한 저항의 메시지를 담고 있는 것 같았다.

다양성은 인류가 결코 소멸할 수 없다는 것을 보여주는 생존 방식이다. 능력주의가 판을 치는 승자독식의 현실을 돌아보자. 자신이 자랑하는 능력과 세속적인 성공이 과연 스스로의 노력으로만 된 것인가? 운이 참 좋게도, 좋은 유전자를 갖고 훌륭한 가정에서 태어나 사회로부터 알게 모르게 도움을 받았기 때문이다. 심지어 자본과 권력까지 물려받기도 한다. 그 뛰어난 일반지능과 재능은 어디서 왔을까? 그것 또한 부모로부터 물려 받은 것이 아닌가? 내가 노력한 것을 따지면 미미할 것이다. 사실, 그 노력하는 의지 조차도 물려받았을 가능성이 많다. 내가 잘났다고 건방을 떨 수 없는 이유이다. 오늘날

엘리트들이 가지고 있는 '내가 잘나서'라는 오만한 생각이 사회적 실패자를 향해 '네가 게을러서'라고 경멸하고 조롱하게 된다. 실패자는 스스로 '내가 못나서…'라고 개인의 책임으로 돌리고 자책한다.

우리 사회가 조금 더 공정하고 행복해지려면, 능력주의적 오만에서 벗어나 자신의 성공과 능력에 대해 끊임없이 겸손해야 한다. 내가 이룬 성과가 온전히 나 혼자만의 노력으로 이루어진 것이 아니기 때문이다. 이 사실을 인정할 때, 겸손한 태도와 타인을 배려하는 마음이 생기면서 더 따뜻한 세상을 만들어갈 수 있지 않을까?

우리는 모두 각기 다른 모습으로 태어나고, 각자의 환경 속에서 다양한 방식으로 성장해 가는 소중한 존재들이다. '오싫모'와 같은 모임의 의미를 깨닫는 순간, 우리는 서로를 더 깊이 이해하고 공감할 수 있을 것이다. 나의 성공이 나만의 것이 아니듯, 타인의 실패도 그들의 책임만이 아니라는 사실을 받아들이는 것이다.

그것이 진정한 공정한 사회를 향한 시작이 아닐까?

늦은 때는 없다

한국 사회는 오랫동안 집단의 질서, 타인의 평가, 남들처럼 사는 것을 중요하게 생각해왔다. 남들이 뭐라고 생각할까? 이렇게 하면 튀지 않을까?라고 하는 타인의 시선이 우리 삶의 방향을 결정해온 것이다. 남의 시선을 의식하면서 눈치를 보는 경우가 허다하다. 하지만 최근에 조금 다른 결의 메시지인 '나 답게 살아간다'것이 유행처럼 번졌다. 과연 나 답게 산다는 것은 어떤 의미일까? 몇 년 전만 하더라도 사람들은 YOLO - You Only Live Once, 인생은 한 번 뿐이니 즐기면서 살자고 입을 모아 얘기했다. 2015년, 미국 대통령이던 오바마가 전 국민의 국민의료보험 가입 의무화 정책을 홍보하기 위한 영상에서 '욜로맨'이라 부르며 한번 사는 인생 후회 없이 살라는 의미로 사용했다고 한다. 하지만 나는 개인적으로 '카르페 디엠'이란 말을 더 좋아한다.

로마시대의 시인인 호라티우스의 시 구절 가운데 라틴어 카르페 디엠이 있다고 한다. 번역하면 이 순간을 잡아라. 앞 뒤 시구의 문맥을 보면 "우리가 이렇게 말하는 동안에도 인생은 시기하듯 빠르게 흘러간다. 현재를 붙잡고 미래에 대한 기대는 최소한으로 두라"라는 뜻이다. 영화 〈죽은 시인의 사회〉에서 키팅 선생역으로 나온 로빈 윌리엄스가 학생들에게 "카르페 디엠, 오늘을 즐겨라, 소년들이여, 삶을 위대하게 만들어라."라고 말했다. 이 말은 단지 지금 이 순간을 흥겹게 즐기라는 뜻은 아닐 것이다.

'남들이 정해주는 삶, 남의 기대에 맞춘 인생이 아닌 오직 나 만의 삶, 나 다운 길을 선택하라'는 깊은 외침이기도 하다. 하지만 솔직히 말해, 우리 사회에서 남의 시선을 신경 쓰지 않고 남과 비교하지 않으면서 살아간다는 것이 얼마나 어려운가? 그래서 '카르페 디엠'이 인생의 앞면이라면, 그 뒷면에서는 반드시 메멘토 모리가 새겨져 있다는 사실을 기억하면 좋겠다. 죽음을 기억할 때 우리는 비로소 삶을 더 절실히, 더 소중히 살아가게 된다.

로마 공화정 시절, 전쟁에 승리하고 개선하는 장군이 시가 행진할 때 노예를 시켜 행렬 뒤에서 큰소리로 '메멘토 모리'를 외치게 했다고 한다. '너의 죽음을 반드시 기억하라'라는 뜻의 라틴어이다. 승리의 정점에서 인간에게 던지는 경고이자 교훈이었다. "우쭐대지 마라, 너 역시 반드시 죽는다. 영원히 살 것처럼 교만하지 말고 겸손히 살아가라."라는 경고이다. 특히 잘 나갈 때일수록, 더욱 스스로를 낮추고 비우라는 의미다. 하지만 나의 경험으로는 이 교훈을 가슴에 품고 살아간다는 것이 결코 쉬운 일이 아님을 잘 안다.

어느 자리에서 나도 모르게 "내가 예전엔 말이야…"하고 말을 시작하는 나를 발견할 때가 있었다. 내가 살아온 방식을 강조하고 그렇게 살아가라는 말이 내 입에서 나오는 것을 인지한 순간, 나도 어쩔 수 없이 이 사회가 만들어낸 능력주의에 물들어 있었다는 사실을 깨달았다. 무한경쟁 속에서 조용히 뿌리 내린 우월감과 오만함이 내 안에, 내 말투에, 내 습관에 스며 있었음을 느꼈다. 가장 경계해야 할 신념인 "내 능력으로 여기까지

왔다"는 것은 착각이라는 사실을 다시 생각한다.

이 지점에서 다시 생각한다. 사람은 과연 쉽게 바뀔 수 있을까? '세 살 버릇 여든까지 간다'는 속담처럼 오래된 마음의 습관은 좀처럼 변하지 않는다는 말이 있다. 하지만 최근에 희망적인 메시지를 들었다. "인간은 90세까지 정신적으로 성장할 수 있다."는 기쁜 소식을 들었다. 신경과학자와 인지행동 심리학자가 공동으로 집필한 『마음의 기술』이라는 책에서 뇌는 '뇌가소성'[1]의 특성으로 인해 학습을 꾸준하게 하면 90세까지 뇌신경세포인 뉴런이 계속 생성된다는 사실을 연구를 통해 밝혀냈다. 이는 단순히 뇌과학의 발견을 넘어 '늦은 때는 없다'는 말의 과학적 근거이기도 하다.

인간의 정신은 세월이 흐르면 멈추는 것이 아니라 배움과 변화의 가능성을 간직하고 있는 존재라는 의미이다. 이것은 단지 지식의 축적만이 아니라 오만함을 내려놓고 겸손을 배우면서 변하는 진정한

---

[1] 뇌가소성은 뇌세포가 유동적으로 성장하고 변하는 것을 말한다. 기존 학설에 의하면 뇌가 성장을 다하면 뇌세포는 성장을 멈춘다고 생각했다. 하지만 최근 연구에 따르면, 뇌가소성은 학습이나 환경에 따라 뇌세포는 계속 성장하거나 쇠퇴한다는 것이다. 특히 기억을 담당하는 부위인 해마는 끊임없이 오래된 신경세포는 쇠퇴하고 새로운 신경세포가 생겨나는 등 굉장히 활발한 뇌가소성을 보인다.

자기성장이기도 하다. 죽음을 기억하며 배우고, 어제보다 더 나은 나로 하루하루를 살아가는 것이 나 답게 그리고 품위 있게 살아가는 길인지도 모른다. 또한 나의 기질과 감정에 귀 기울이고, 타인과 다른 내 삶을 받아들이는 것은 아닐까?

오랜 사회생활 속에서 습관의 노예가 되면서 정신적으로 서서히 죽어가고 있지는 않은지 다시 나를 돌아본다. 내 삶의 주인으로 살 것인지, 아니면 습관의 노예로 살 것인지 선택은 분명하다. 젊으나 나이가 들어서나 스스로 습관의 노예가 되어 삶을 개척하지 않는다면 살아도 산목숨이 아니다.

마샤 메데이로스의 시 〈서서히 죽어 가는 사람〉을 다시 생각한다.

> 습관의 노예가 된 사람
> 매일 똑같은 길로만 다니는 사람
> 결코 일상을 바꾸지 않는 사람
> 위험을 무릅쓰고 옷 색깔을 바꾸지 않는 사람
> 모르는 사람에게 말 걸지 않는 사람은
> 서서히 죽어 가는 사람이다

열정을 피하는 사람
흑백의 구분을 좋아하는 사람
눈을 반짝이게 하고
하품을 미소로 바꾸고
실수와 슬픔 앞에서도
심장을 뛰게 하는 감정의 소용돌이 보다
분명히 구분하는 걸 더 좋아하는 사람은
서서히 죽어 가는 사람이다

〈중략〉
여행을 하지 않는 사람, 책을 읽지 않는 사람
삶의 음악을 듣지 않는 사람
자기 안에서 아름다움을 발견하지 못하는 사람은
서서히 죽어 가는 사람이다

〈중략〉
우리, 서서히 죽는 죽음을 경계하자
살아 있다는 것은 단순히 숨을 쉬는 행위보다
훨씬 더 큰 노력을 필요로 함을 늘 기억하면서
오직 불타는 인내심만이
멋진 행복을 얻게 할 것이다

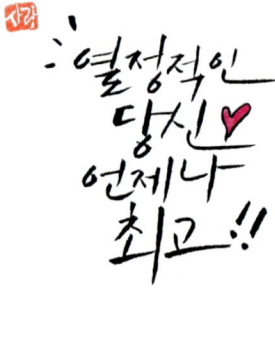

열정적인
당신은
언제나
최고!!

살아간다는 것은 외로움을 견디는 일

울지 마라
외로우니까 사람이다
살아간다는 것은 외로움을 견디는 일이다
공연히 오지 않는 전화를 기다리지 마라
〈중략〉
새들이 나뭇가지에 앉아 있는 것도 외로움 때문이고
네가 물가에 앉아 있는 것도 외로움 때문이다
산 그림자도 외로워서 하루에 한 번씩 마을로 내려온다
종소리도 외로워서 울려 퍼진다.

한 번쯤 들어본 적이 있는 정호승 시인이 쓴 〈수선화에게〉라는 시다. 친구의 외로움에 대한 넋두리를 들어주다가 외로움은 죽음과 함께 인간이 가진 숙명적인 본질이기에 외로우니까 사람이라는 사실을 깨닫고

이 시를 쓰게 되었다고 한다. 수선화의 연노란 빛깔이 인간의 외로움의 색깔이라는 생각에 수선화로 비유하여 인간의 외로움을 노래했다. 정호승 시인의 이력을 보니 내가 어릴 적에 다녔던 국민학교에서 9년의 시차를 두고 같은 공간을 공유한 경험이 있었다. 평소에도 그의 시를 좋아했지만 한때 공간을 공유했던 시인에게 각별한 느낌이 들었다. 칠순이 넘은 나이에도 부드러운 인상을 가졌다. 자신의 어려웠던 어릴 적 겪은 비극적인 현실을 따뜻한 시선으로 서정적인 시로 그려냈다.

시인은 "누구나 가슴속에 시를 갖고 있으니 누구나 시인이 될 수 있다."라고 했다. 그래서일까? 나도 가슴속에 담긴 뭔가를 표현하고 싶다는 욕망이 일어난다. 나는 왜 시를 쓰기 시작했나? 원고료가 나오는 것도 아니고 쓸데없는 짓을 하는 것은 아닐까? 먹고사는 것과는 전혀 관계없는 일을 내가 왜 하려고 하지?

굳이 대답을 해야 한다면 '그냥 쓰고 싶어서.'라고 말할 수밖에 없다. 외롭고 힘들 때 더 쓰고 싶었다. 우리는 살아가면서 고통이 없는 삶을 바라지만 고통 없는 삶은 없다는 사실을 깨닫는다. 삶에는 항상 여러 모습으로 고통이 찾아온다. 매일의 삶이 행복했다면 과연 시를 쓰고 싶다는 생각이 들었을까? 그렇지 않다. 틱낫한 스님은 "연꽃이 진흙이 필요하듯 행복도 고통을 필요로 한다." 라고 했다.

그렇다. 외롭기 때문에 결핍과 고통이 있었기에 시를 쓸 수 있다. 누군가를 그리워하고, 사는 것이 무기력하고 힘들 때 시를 쓴다. 어느 날 문득 산문을 쓰면서 글이 너무 늘어지면서 내 마음에 담긴 생각을 제대로 표현하지 못하는 느낌이 들 때가 있다. 어떡하지?

간결하게 나의 마음을 표현할 수 없을까? 라는데 생각이 미치면서 시를 쓰기 시작했다. 김용택 시인의 "시를 쓴다는 것이 어려운 것이 아니라 시를 쓰겠다는 마음을 먹는다는 것이 어렵다."는 얘기에 용기를 내어 시를 쓴다. 시인의 말처럼 시를 쓰겠다는 마음을 갖고 평소에 생각한 메모를 끄집어내어 한 줄 시작하면 나도 모르게 뒷구절이 자연스럽게 따라 나온다. 물론 항상 그렇지는 않지만 평소에 관찰하고 느낀 그 감정을 메모했다가 한 줄 쓰기 시작하면 가끔은 실타래가 풀려나오는 느낌을 받는다.

신기한 일이다.

그때가 아마 50대 중반이었나? 한창 삶의 절정을 향해 달려가고 있을 때였지만 문득 이런 생각이 들었다. '내게 주어진 시간이 무한정 있는 것이 아니구나.' 이 생각은 예상보다 조용히, 그러나 마음 깊은 곳을 흔들며 찾아왔다. 그럴 때는 어딘가 훌쩍 떠나고 싶었다. 일상의 굴레에서 잠시 벗어나 고요히 나를 돌아보는 시간이 필요했다.

삶의 길목마다 우리는 중요한 선택을 할 수밖에 없는 순간이 온다. 그 선택의 무게는 나 홀로 감당해야 할 내 삶의 몫이다. 그럴 때, 나는 옷을 주섬주섬 입고 먼 곳의 산을 가거나 여의치 않으면 동네 뒷산이라도 간다. 알 수 없는 공허감에 흔들리는 마음을 다독이고, 그 마음을 치유하기 위해서이다. 그곳에는 항상 꽃과 나무, 푸른 하늘과 넓은 호수가 나를 반겨준다. 산은 말없이 상처받은 이들을 품어주고 병든 몸과 지친 모두를 끌어안고 치유하는 것 같다.

매일 가는 산길이라도 매 순간 새롭다. 산길을 걸으면 계절의 변화가 몸에 와 닿는다. 산 중턱 즈음,

벤치에 앉아 떡갈나무를 바라본다. 추운 겨울을 버티며 생존하기 위해 스스로 잎을 다 떨어뜨리고 남은 가지는 앙상하지만 나무는 당당히 서 있다. 말라비틀어진 잎사귀 몇 개가 아직 미련을 버리지 못하고 파리하게 붙어 있는 모습이 안쓰럽다. 가끔 비바람에 쓰러진 나무들도 보인다. 쓰러진 소나무 덕분에 옆에 있는 다른 나무는 햇빛을 더 잘 받아 무럭무럭 자라는 모습을 상상하면서, 자연은 유기적으로 연결되어 서로 의존하며 조화롭게 순환한다는 생각을 하게 된다. 바람이 한차례 지나갈 때면 나무에 남아 있는 향이 내 온몸 깊숙이 스며든다. 숲속은 언제나 세상의 소음에서 벗어나 나만의 명상으로 이끄는 안식처가 되어 준다. 내 몸은 다시 치유를 받는다.

겨울 문턱에 들어서 칼바람이 불고, 눈이 내리는 한겨울에도 난 이 길을 찾을 것이다. 아무도 없는 산길, 혼자 벤치에 앉아 음악을 듣는 그 순간이 어쩐지 너무도 따뜻하다. 바람이 부는 날에는 조지 윈스턴이 연주한 〈캐논 변주곡〉을 듣는다. 피아노의 고요한 울림이 마치 빗방울이 가슴속으로 떨어지는 것처럼 내 마음을 정화시켜 준다.

나는 오늘도 산을 오른다. 산에는 상처받은 사람이 모이고 산은 그들을 치유하고, 위로 받기를 원하는 사람을 온 몸으로 감싸 안는다. 산을 오르고 시를 쓰는 것도 현실의 아픔을 치유하고 외로움을 극복하려는 몸부림이 아닐까?

외로울 때나,

슬플 때나,

기쁠 때나,

산을 오른다.

오늘도 홀로 산을 오른다.

삶과 죽음에 대한 서사를 그림으로 표현한 고갱의 작품 〈우리는 어디서 왔고 무엇이며 어디로 가는가〉를 떠올리고, '살아간다는 것은 외로움을 견디는 일이다'라는 시구를 생각하며 산을 향해 길을 떠난다.

몸은 나의 영원한 동반자

우리는 결혼할 때 다음과 같은 혼인 서약을 한다.

"신랑*** 군은 신부*** 양을 아내로 맞이하여 기쁠 때나 슬플 때나 괴로울 때나 즐거울 때나 한결같이 사랑할 것을 맹세합니까? 신랑(예! 맹세합니다.)"

신부에게도 동일하게 묻는다. 요즘은 개성이 넘치는 다양한 서약이 있다.

"신랑: 배가 나오지 않도록 운동을 열심히 하겠습니다. 여윳돈이 생겨도 숨기지 않으며 아내 몰래 주식투자는 하지 않겠습니다."

"신부: 지금의 건강과 미모를 유지하겠습니다. 돈을 헛되이 쓰지 않고 알뜰히 관리하겠습니다."

삶의 동반자로서 평생토록 서로 사랑하며 함께 살 것을 맹세하는 순간이다. 친구와 친지 앞에서 공개적으로 선언하지만 살다 보면 서로 부딪히면서 싸우기도 한다. 심지어 갈등을 해결하지 못해 결국 헤어지기도 한다. 여행을 함께 가는 동반자와 마음이 맞지 않아서 여행 내내 불편한 경험이 있을 것이다.

여행의 동반자는 여행 끝에 헤어지고 안보면 그만이다. 평생의 동반자라고 약속한 배우자는 그럴 수 없지 않은가. 가능한 서로 맞추어 가면서 살지 않으면 서로 남남으로 돌아설 수 있다. 가족은 한 때 동반자이지만 평생을 함께 가지는 못한다. 배우자마저 누군가 먼저 이 세상을 떠나고 혼자가 된다. 나와 평생을 함께 할 수 있는 것에는 무엇이 있을까?

몸이다. 나의 몸은 내가 좋든 싫든 끝까지 함께 한다. 나의 영원한 동반자이다. 싫다고 헤어질 수도 없고 보기 싫다고 떨어지는 것은 불가능하다. 나는 과연 평생의 동반자인 나의 몸을 존중하고 사랑했는가? 스스로에게 묻는다. 그렇지 않았던 같다. 몸을 얼마나 무시하고 함부로 대했는가 돌이켜본다. 젊을 때는 스트레스를 푼다고 아님 회사 업무를 한다는 핑계로 알코올을 들이부어도 몸은 불평 없이 다 받아 주었다. 그 다음 날 숙취로 몸과 마음이 괴로울 때는 '뇌'가 재빨리 나선다. '어제 그 술자리를 통해 회사에 얼마나 도움을 되었는지 아니?'라고 합리화를 한다. 뇌가 보내는 속삼임에 '그럼 그렇지' 하고 불편한 마음은 사라진다.

'이게 뭐 나 혼자 좋으려고 이 고생을 하는 줄 아니? 다 회사와 가족을 위한 일'이라고 덧붙인다. 뇌가 전하는 메시지를 그대로 아내에게 불쌍한 표정을 지으면서 전달한다. 나의 몸과 마음은 이렇게 늘 함께 고생하면서도 나에게 위로까지 한다. 근데 참기가 어려울 때면 더 이상 못 견디겠다고 신호를 보낸다. 처음에는 통증으로 호소한다. 통증을 무시하고 넘어가면 마지막에는 병적 증세를 보이면서 나를 움직이지 못하도록 고립시킨다. 이 주인은 도저히 신호를 알아차리지 못하니 몸이 행동을 개시한 것이다.

젊은 시절에 성과를 내기 위해 밤중에도 카페인이나 알코올을 넘치게 마시면서 회사 프로젝트를 위해 일한 적도 많았다. 최종보고서를 쓰면서 스트레스를 받으면

줄담배를 피워 댔다. 몸을 혹사하다가 휴가철이 오면 갑자기 보상심리가 발동된다. 산행을 한다고 지리산을 종주하다가 무릎이 나가고, 추운 겨울 거나하게 정종을 마시고는 호기있게 노래를 부르면서 길을 걷다가 얼음판에 미끄러져 허리도 나가고, 한 겨울에 무슨 프로 골프선수가 되겠다고 꽁꽁 얼어붙은 벙커에서 샷을 날리다 팔꿈치 관절이 나가고, 눈을 얼마나 혹사했으면 어느 날 갑자기 내 눈앞에서 거미줄이 보이는 비문증까지 나타나면서 몸은 나에게 경고 신호를 계속 보내왔다.

이제 내 몸에 사과하고 싶다. 심한 두통으로 인해 내 몸을 다시 보게 되었다. 그동안 너무 함부로 굴리고 외면하였다. 몸이 나에게 보낸 최후통첩이었다. 처음에는 고등학교 때, 그리고 군대에서 몸으로부터 경고를 받고 병원에 입원까지 했지만 내 몸을 사랑하지 못했다. 지난 겨울 빙판에서의 낙상사고를 통해 정신이 번쩍 들었다. 나의 정신을 일깨워준 신호였다. 나의 몸을 존중하지 않았다는 사실을 깨닫는다.

우리는 건강을 잃어버려야 그 소중함을 아는 바보 같은

인간이다. 평소에는 그 소중함을 잊고 있다가 건강을 잃고 난 다음에 후회하는 어리석은 인간의 운명이다. 이제라도 평생의 동반자인 몸을 보듬어주고 싶다. 떨어지고 싶고 외면하고 싶어도 그럴 수 없는 사이이다. 이제는 나의 몸을 챙길 시간이다. 나와 가장 가까운 몸에 대한 최소한의 예의다.

변화에 적응하는 삶

 최근까지도 매일 만보 걷기를 계속하면서 한결 몸 상태가 좋아졌다. 그런데 한 해 중 가장 추운 날에 문제가 터졌다. 추위에도 망설이지 않고 방한복과 털모자를 쓰고 마스크까지 중무장하고 나갔다. 동네 뒷산에서 스트레칭까지 하고 빠른 걸음으로 집으로 돌아오는데 갑자기 고관절 부위에 통증이 왔다. 느닷없는 통증이었다. 너무 건강을 자신하면서 무리했나?

 다리를 절룩거리면서 간신히 집으로 돌아왔다. 다음 날에도 가만히 있으면 괜찮았지만 걸으면 다시 통증이 재발하여 정형외과에 갔다. 엑스레이와 MRI를 찍고 의사가 판독하기를 뼈에는 이상이 없고 증상으로 보아 관절에 염증이 있는 것 같다고 했다. 추운 겨울에 과하게 운동을 하면 가끔 관절에 무리가 와서 통증을 유발한다고 진단했다. 운동을 과하게 하지 말고 줄이라고 권했다.

항상 불운은 한꺼번에 찾아왔다. 다음 날, 골프 연습을 하러 가려고 골프채를 들고 아파트 현관의 계단을 내려가다가 헛디뎌 왼쪽 발을 접질렸다. 그날도 추운 날씨에 아픈 발을 갖고 무리하게 연습하러 나가려던 참이었다. 다음 날 아침, 발목에 붓기가 있어 엉덩이 통증도 치료할 겸 한의원을 찾아 침과 부항으로 응급처치를 했다. 나이가 들수록 나의 몸은 변화에 대한 적응력이 점차 떨어진다. 신체에 이상이 잦아지고, 마음도 예전만큼 유연하지 않다. 이는 단순한 노화의 문제가 아니다.

우리 몸은 변화하는 환경에 대한 반응을 통해 항상성을 유지해왔지만, 나이가 들면서 그 균형이 서서히 깨지기 시작한다. 내가 그 지점에 온 것 같다. 생명의 균형이 깨질 때, 우리는 병이라는 이름으로 경고 신호를 받는다. 이러한 현상은 기업의 흥망과도 닮아 있다. 한때 잘나갔던 기업도 변화하는 시장과 소비자의 흐름을 읽지 못하면 서서히 쇠퇴의 길을 걷는다. 생명현상에서 일어나는 변화에 적응하는 방식과 사회에서 기업의 흥망성쇠 역시 변화에 능동적으로 대응할 수 있는가에 달렸다. 생명의 역동성과 세상의 변화에 반응하는 사회와 개인의 삶을 비교하면, 둘 다 모두 끊임없는 변화에 대한 적응을 통해 지속성을 유지한다는 공통점이 있다. 생명현상의 역동성을 세포단위에서 살펴본다.

세포의 시선으로 우리 몸을 인식한다면 몸은 하나의 소우주와 같을 것이다. 인간의 육체와 정신이 우주의 역사적 흔적 속에 진화되었다는 사실이 경이롭다. 우주의 진화 속에서 생명의 본질은 무엇일까? 『생명이란 무엇인가』 저자이면서 노벨 물리학상까지 받은 양자 물리학자인 슈뢰딩거가 철학과 생물학을 넘나들면서 생명현상을 설명했다.

분자생물학에서 발견한 생명현상은 'DNA 복제 시스템과 동적 평형'이론이다. DNA 복제 현상은 많이 들었지만 동적 평형은 다소 생소하다. 생명의 동적인 평형상태를 처음으로 발견한 학자는 독일의 생리학자 루돌프 쉰하이머이다. 그는 "유기체의 생체분자는 합성과 분해의 흐름 속에서 생명체 내부를 흐르고 평형을 이루면서 생명을 유지하고 있다."라고 주장했다. 당연한 이야기로 들리지만 도대체 무슨 소리를 하는가 궁금했다.

생명활동의 역동성을 말한다. 쇤하이머는 몸의 모든 유기체는 끊임없이 교체된다는 사실을 발견했다. "생명이란 대사의 계속적인 변화이며, 이 변화가 생명의 본질"이라고 한다. 생명은 영속성을 위한 자기 복제와 함께 역동성을 위해 지속적으로 변화하는 상태를 유지한다. 예를 들어 대사증후군이 있다는 진단은 유기체의 변화에 대응하지 못하여 생명의 역동성에 문제가 생겼다는 의미다. 역동성은 변화에 대응하여 항상성을 위해 균형을 유지하는 능력을 뜻한다. 손상된 뇌세포는 재생되지 않지만 재활을 통해 다른 주위의 뉴런 세포가 활성화되면서 새로운 신경망을 가동하여 죽은 뇌세포를 대신하여 기능하면서 변화에 대응하는 생명의 역동성을 설명할 수 있다.

세포단위에서 끊임없이 생성과 소멸을 반복하면서 생명활동의 균형과 역동성을 나타낸다. 에너지 원천인 백혈구 세포의 수명은 4일에서 2주일, 적혈구는 약 120일, 피부 세포는 약 28일 만에 죽고 다시 생성된다.

정자세포는 100일, 두피세포는 2개월, 위, 췌장, 간, 혈관을 포함한 장기세포는 4개월이 걸린다. 뼈, 근육세포도 7개월이면 재생이 되니 7개월 후면 전혀 새로운 사람으로 재탄생하는 거다.

몸속의 모든 세포는 끊임없이 변화한다. 이 순간에도 생명의 항상성을 위해 세포는 생성과 소멸 현상을 통해 지속적으로 변화하고 있다. 한 달이 지나 소멸되는 피부 세포의 관점에서 보면 세포는 죽지만 몸 전체로 볼 때는 새로운 피부 세포가 탄생하면서 생명현상을 계속 유지할 수 있다. 인간도 그렇지 않을까? 우주적 관점에서 보면 나의 육체와 정신은 사라지지만 마치 몸속 세포의 소멸과 생성처럼 생명의 근원은 영속한다. 자연에서도 같은 현상이 일어난다. 바닷물이 증발하여 수증기가 되어 개체인 빗방울이 되어 떨어져 강물이 되어 바다로 흘러가면서 개체성을 상실한 바닷물은 태양열을 받아 다시 증발하면서, 끊임없는 순환이 이어진다. 인간이 삶과 죽음이 반복되는 순환처럼 생명의 순환이 자연에서도 이루어지고 있다.

분자생물학의 눈으로 우리 몸을 들여다보면, 세포

안에는 무려 33억 년의 생명 진화의 흔적이 고스란히 담겨 있다. 이토록 오랜 시간에 걸쳐 축적된 생명의 역사가 바로 지금 이 순간, 내 몸속에서 이어지고 있다는 사실은 경이롭기까지 하다. 이러한 생명의 연속성은 단지 육체의 차원에 머물지 않는다. 나의 일상, 그리고 사회 역시 생명처럼 끊임없는 변화에 적응하지 않으면 결국 도태된다. 배움을 멈추지 않고, 새로움에 마음을 여는 것이 생명체이자 사회의 생존 방식, 나아가 개인의 삶에 지속 가능성을 보장하는 공통된 원리다.

인생의 후반기에 접어들며 몸과 마음은 급격히 변한다. 예전처럼 쉽게 회복되지 않고, 낯선 불편함이 서서히 나의 삶을 채운다. 더 이상 새롭지 않은 하루, 반복되는 일상 속에서 지루함이 삶을 갉아먹는 느낌이 들기도 한다. 하지만 그렇기에 더더욱 중요한 질문을 한다. '이제 나는 어떻게 살아갈 것인가?' 이 질문에 대한 답은 어쩌면 호기심에 있을 수 있다. 그림을 그리고, 글을 쓰고, 예술을 감상하고, 아직 익숙하지 않은 세계에 마음을 여는 활동은 지속적으로 나를 변화시키고, 삶에 새로운 의미를 불어넣는다.

"호기심이 사라지는 순간 노년이 시작된다."

여성인권과 성평등을 최초로 주장한 실존주의 철학자 시몬느 드 보부아르의 말이다. 보부아르는 젊음과 늙음을 구분하는 것은 나이가 아니라 바로 호기심이라는 것을 강조했다. 삶은 호기심이 멈추는 순간 늙기 시작한다.

노년이라도 세상사에 관심을 가지고 호기심을 가질 수만 있다면 가치 있는 삶을 살 수 있다는 뜻이다. 의미 있는 삶이란 거창한 것이 아니다. 밤하늘의 별을 보고 감탄하고 사랑하는 사람의 이야기를 기울여 듣고, 겨울에 따스하게 비추는 햇살에 감동하는 삶이 아닐까? 삶에서 호기심이 사라지지 않는 한, 인간은 행복할 수 있다.

삶의 마지막 실험

 사람을 사람답게 만드는 것은 무엇일까? 『빈자의 미학』의 저자인 승효상은 '건축의 본질은 공간에 있고, 건축이 사람의 삶을 바꾼다.'라는 사실을 믿고 실천해온 건축가이다. 우리가 살고 있는 아파트를 보면 삶의 양식이 그대로 나타난다. 획일적인 구조를 가지고 사용가치보다는 교환가치로만 평가하고, 외부공간은 계층에 따라 구분되는 모습은 우리의 빈약한 의식을 반영한다. 꽃을 가꾸면서 땅을 밟으면서 자연을 탐색할 수 있는 공간이 없다. 삭막한 현실이다.

 표준화된 공간 속에서 살아가는 우리는 어느새 사고마저 획일화되었다. 나와 다른 생각을 하는 타인을 이해하지 못하고 용납도 못한다. 내 생각과 다르면

미워하고 증오한다. 하지만 공간만큼이나, 아니 그보다 더 본질적으로 우리의 삶을 바꾸는 것이 있다. 그것은 바로 자연이다. 시인 서정주는 그의 시 〈자화상〉에서 "스물 세 해 동안 나를 키운 건 팔 할이 바람이다."라며 고백했다. 그 자연의 위대함도 우리 곁에서 멀어져 간다. 바람이 불어도 햇살이 비쳐도 그 안에서 머무는 법을 잊어버렸다. 그래서 나는 스스로에게 묻는다. 과연 나를 나답게 만든 것은 무엇일까? 아내의 사랑, 부모님의 헌신, 형제자매의 웃음, 친구와 대화, 그리고 세상을 직접 발로 걸으면서 마주했던 여행길의 풍경이 있었다. 또한 아이들을 키우며, 그 아이들이 나를 키우기도 했다. 마지막으로 나를 깊고 넓게 만든 것은 책이었다. 책은 나를 사람답게 만드는 스승이었다.

"사람은 책을 만들고, 책은 사람을 만든다." 교보생명 창립자 신용호 전 회장은 1981년 광화문에 교보문고를 만들면서 이 말을 남겼다. 어린 시절 병치레로 학교에 진학하지 못했지만 독서로 배움의 의지를 키웠다고 한다. 이력서 학력란에 "배우면서 일하고 일하면서 배운다."라고 쓴 일화는 유명하다. 공감한다. 과거에 읽었던 책이 오늘의 나를 만들었고, 지금 읽고 있는 책이

미래의 나를 만든다.

'이 나이에 무슨 새삼스레 책을?' 나 역시 불혹을 지나면서 책을 많이 읽기 시작했다. 소설이나 수필을 읽으면서 의식이 확장되고 작가의 기쁨과 슬픔을 함께 느낄 수 있다. 세상 어떤 곳에서도 얻을 수 없는 선물이다. 비용마저 저렴하다. 2천 년 전, 저 멀리 로마에서 살았던 정치가인 키케로가 생각하는 우정과 노년을, 철학자인 세네카는 행복을 어떻게 생각하는지 알 수 있다. 하지만 책을 읽는 것은 결코 돈이 되는 일은 아니다.

『주식투자로 돈을 벌 수 있다』는 제목으로 나온 베스트셀러가 있다면 아마 저자는 그 책을 팔아서 돈을 꽤 벌었을 것이다. 주식, 가상화폐나 부동산으로 부자가 된다는 내용의 책이 쏟아질 때 이미 그들은 자기 이익을 실현하고 빠져나가는 중이다. 그러니 책은 돈 버는 데는 오히려 마이너스 손이다. 다만 투자의 원칙과 철학을 강조하는 책은 도움이 될 수 있다. 투자는 긴 호흡을 갖고 해야 한다.

한 때 가치투자의 귀재인 워런 버핏과 점심을 먹기

위해 매년 진행되는 자선 경매는 엄청난 고가임에도 불구하고 경쟁이 치열했다. 2005년에는 중국의 다롄 제우스 엔터테인먼트 최고경영자 '주 예'가 26억 원에 낙찰 받았다. 2008년 그와 식사를 한 가이 스파이어가 쓴 책 『워런 버핏과의 점심식사』는 14,610원에 사서 그와의 대화를 들을 수 있다. 얼마나 가성비가 높은 투자인가?

은퇴 후 무엇을 할 것인가? 오래 전부터 고민해왔다. 이제는 나를 위해 살 시간이라고 말하지만 과연 나만 아름다움을 찾고 즐거움을 누리는 것으로 충분할까? 마음 한편에 남을 위해 봉사할 수 있는 길을 찾고 싶었다. 내 마음을 오랫동안 붙잡아온 하나의 길, 그것은 심리상담, 그 중에서 노인 심리 상담이다. 타인의 어려움을 경청하고, 고통을 함께 느끼고, 그 아픔 속에 작은 위로와 격려가 될 수 있기를 바랐다. 이제 실천에 옮길 때이다.

지금 초고령사회[2]로 진입하면서 노인기에 접어든 사람들은 건강악화, 은퇴, 경제적 어려움, 사회적 고립, 그리고 배우자나 친구의 상실이라는 복합적인 상황에

---

[2] 65세 이상 인구가 전체의 20% 이상을 차지하는 사회를 말하며 한국은 2025년에 초고령사회로 진입했다.

직면하게 된다. 노인 심리상담사는 이러한 문제를 이해하고 해결하는데 도움을 줄 수 있는 역량을 갖추어야 한다. 노인 상담은 단순한 심리치료가 아니라 삶의 마지막을 더욱 의미 있고 존엄하게 살아갈 수 있도록 돕는 일이기 때문에 전문적인 지식과 함께 실무 경험이 필요하다. 우선 가을 학기 과정에 등록하고 공식적인 자격증도 취득하려고 한다.

노인 심리 상담은 나 자신의 삶을 되돌아보고, 타인의 삶에 따뜻한 손을 내미는 일이다. 누군가의 인생 후반기를 조금이라도 따뜻하게 만들어줄 수 있다면 그보다 더 보람된 일은 없을 것이다. 그 안에서 나도 다시 성장할 수 있을 것이다. 이제 나는 이 길을 내 삶의 마지막 실험이라 부르고 싶다. 어쩌면 가장 소중하고 의미 있는 실험일지 모른다.

산다는것과
사랑한다는것

E·O·M·J·A·E·K·Y·U·N

존엄한 죽음을 위한 나의 엔딩 노트

"라면 먹고 싶고 김치도 먹고 싶다"

"지금 아무 생각이 없어요"

"그냥 답답하고 안타깝다는 생각밖에는"

"가시가 있는 침대에 누워서 몸을 뒤집는 악몽을 꿔요, 깨고 나면 온 몸이 식은땀으로 흥건하고…"

병실 한편, 창가에 앉은 한 노인이 이야기한다. 과거 간경화를 앓다 아들의 간이식을 받고 기적처럼 살아났던 그는, 또다시 위암 말기 판정을 받은 상태다. 진단 결과를 들었을 때의 충격을 이렇게 표현했다. "마치 총 맞은 기분이었다."라고 한다. 정말 그랬을 것이다. 청천벽력이라는 표현이 진부하게 느껴질 정도로, 그 순간의 감정은 말로 다 설명할 수 없는 두려움과 절망감같은 것일 게다. 내가 직접 겪지 않은 일이라 솔직히 그 공포감은 알 길이 없다. 죽음은 누구도 피할 수 없지만 내가 그 당사자가 될 것이라는 사실은 일부러 외면하면서 살아간다. 타인의 장례식에 가서 잠깐 돌이켜 볼 수 있지만 죽음에 대한 성찰을 하기보다 사회적 관계를 위해 방문하는 경우가 많다.

그 환자에게 손주들이 찾아와서 "할아버지, 많이 아파?"하는 그 순간, 그는 눈물을 참지 못했다. 손주들을 꼭 안고 말했다. "할아버지는 너희를 사랑해." 그리고 아이들 앞에서 눈물을 펑펑 쏟아냈다. 그는 말했다. "사람이 죽어가는 것도 퀄리티가 있다." 죽음에도 품위와 존엄이 있다는 것을 그는 알고 있었다. 죽음의 문턱에 다다른 사람도 여전히 사람들과 소통하면서 일체감을 느낀다. 그는 마지막 두 달을 호스피스 병동에서 가족들과 함께 지내면서 생을 마무리했다.

EBS 다큐멘터리 〈내 마지막 집은 어디인가〉는 바로 그 여정을 담았다. 죽음을 애써 외면하는 우리 문화에 작지만 깊은 질문을 던진다. 죽음은 누구에게나 느닷없이 찾아오지만 누구도 준비를 하지 않는다. 자동차 하나

사려고 할 때도 이것저것 꼼꼼히 따지면서, 왜 정작 인생의 마지막 여정을 준비하는 데는 그토록 소홀할까? '어떻게 살고 싶은가?'에 대해서는 고민하면서 '어떻게 죽고 싶은가'는 외면해버리는 게 우리 사회의 민낯이다. 하지만 삶의 마지막 순간도 여전히 삶이 진행 중이다. 이 다큐멘터리는 호스피스 병동 5개월의 기록을 담아 인간다운 죽음에 관해 묻고 죽음 앞에서 인간을 인간답게 하는 것은 무엇일까? 라는 질문을 던진다. 호스피스 병동이라고 하면 보통 죽음을 기다리는 장소라고 생각한다. 물론 말기암, 만성폐쇄성호흡기질환, 만성 간경화 등 죽음을 앞둔 환자를 위한 공간이지만 그 곳 역시 사람이 살아가는 곳이다.

호스피스 간호사는 말한다. "죽음을 앞둔 사람이지만 지금 살아가는 사람들이 모인 곳이고 그런 사람들을 돌보는 곳이니까, 이곳은 그냥 사는 공간이죠." 맞다. 이 곳에도 의미가 있는 일상이 존재한다. 서로 위로하고 보호받고 사랑하는 그런 기억이 남는 공간이다. 하지만 우리나라는 여전히 호스피스 병동이 턱없이 부족하다. 대기자가 많아 마음대로 입원할 수 없는 것이 현실이다. 존엄한 죽음을 맞이할 수 있는 공간조차 보장되지 않는 사회를 향해 이 다큐멘터리는 삶의 마지막을 얼마나 인간답게 마무리할 수 있을 것인가에 대한 근원적인 질문을 던진다.

우리는 어떻게 해야 좋은 죽음을 맞이할 수 있을까? 그리고 좋은 죽음이란 무엇일까? 나는 그 과정에서 무엇을 준비할 수 있을까? 말기암과 파킨슨병 전문의인 박광우 교수가 쓴 책 『죽음 공부』에서 그는 말했다. "드라마처럼 가족들에게 '고마웠다'는 말을 남기고 눈을 감는 장면은 의사 생활 21년 동안 거의 보지 못했다." 대부분 중환자실에서 의식이 없는 채로 인공호흡기에 생명을 의존하다가 보호자 앞에서 눈을 감으면서 생을 마무리한다고 했다. 말기암으로 병원에 들어가는 순간 환자를 끝까지 살리려는 컨베이어 벨트에 태우기 때문에 마지막 단계는 중환자실로 갈 수밖에 없을 것이다.

나는 내가 살아온 집에서, 사랑하는 사람들 곁에서 조용히 삶의 마지막을 나는 맞이하고 싶다. 요양원이나 요양병원은 피하고 싶다. 시설과 환경이 많이 좋아졌다고 하지만 삶의 뿌리를 놔두고 낯선 곳에서 모르는 사람들 사이에서 생을 마감하기 싫다. 내 집에서 삶을 마감하려면 집에 상주하는 간병인이 필요할 것이고 비용도 만만치 않게 들 것이다. 이를 위한 간병인 보험이 있다고 하니 보험에 가입해서 자식들에게 부담을 주지 않을 것이다. 또 별도로 간병 통장을 마련해 놓으면 더 좋을 것이다. 결국 간병으로 인해 자녀들에게 육체적, 경제적인 부담이 되지 않도록 하는 것이 내가 바라는 마음이다.

친구가 어머니의 간병을 위해서 집안에 작은 규모의 수리가 필요하다는 사실을 알게 되었다고 했다. 현관부터 방까지 문턱을 다 없애고 휠체어가 들고 나기 쉽도록 고쳐야 한다. 침대도 병원에서 사용하는 유압식 조절장치가 있는 것이 더 좋겠다. 지자체에서 저렴하게 임대하여 사용할 수 있다고 한다. 대소변을 직접 해결할 수 없을 정도로 거동이 불편한 경우가 가장 어려운 시기다. 그때부터 전문 간병인의 도움이 절대적으로 필요하다. 지금은 보건의료, 요양 및 돌봄 생활을 하나로 연결한 '서울형 통합돌봄서비스'가 시범사업으로 하고 있다. 하지만 빠른 시간내 의사가 직접 집을 방문하여 통증완화치료를 위하거나 임종을 앞두고 통증을 조절하고 사망선고를 하는 날이 곧 오리라 희망한다.

웰다잉은 비참하지 않고 존엄하게 죽고 싶다는 의지다.

어떻게 하면 존엄하게 삶을 마무리할 수 있을까? 먼저 최소한 무의미한 연명의료를 중단하는 것이 중요하다. 사전의료연명의향서를 작성하여도 실제 병원 현장에서는 가족들의 의향을 다시 묻고 절차도 복잡할 뿐만 아니라 환자의 자기결정권이 무시되는 경우가 많다고 한다. 그럼에도 불구하고 나의 의지를 표현한 공적 서류이니 준비할 필요가 있다. 자식 된 도리와 생명을 살려야 하는 의사의 사명감으로 끝까지 치료를 포기하지 않는 것만이 최선의 방법은 결코 아니다.

만약 응급한 상황이 온다면 심폐소생술과 기관내 삽관과 인공호흡기 사용은 회복 가능성이 있을 때만 사용해야 한다. 응급실에서 치료 가능성이 희박하다고 판단되면 중환자실이 아니라 바로 집으로 돌아가길 희망한다. 중환자실에서 온갖 생명연장기기를 달고 육체적 고통을 받으면서 죽고 싶지 않다. 의학적으로 회생하지 못하고 단지 생명을 조금 연장하기 위한 상황이 온 경우에, 사실 의사도 판단하기 어렵겠지만, 내가 의식이 있으면 거절할 것이고 만약 의식이 없어 결정할 수 없다면 가족들이 나의 평소 의지를 의사에게 강력하게 전달하기 바란다. 단지 죽음의 시점만 늦추고 고통만 가중되는 무의미한 적극적 치료는 중단하고 피할 수 없는 죽음은 받아들이는게 자연의 순리이다.

언제 어떻게 삶을 마감할지 모르지만 임종 장소와 방식은 미리 생각할 필요가 있다. 상급종합병원 중환자실로 들어가서 생명을 마감하는 경우는 피하고 싶다. 임종이 다가왔는데 만약 병원에 있다면 집으로 와서 삶을 마감하고 싶다. 한국의 현실에서 쉽지는 않을 것이고 내 마음대로 되는 것도 아니겠지만 병원 응급실이나 중환자실에서 죽음을 맞이하고 싶은 생각은 추호도 없다. 일본처럼 24시간 방문간호와 의사 왕진이 가능하여 집에서 통증치료를 하면서 삶을 마감할 수 있는 날이 우리나라에도 곧 오기를 소망한다.

사실 우리나라는 완화의료시설조차도 턱없이 부족한 실정이긴 하지만, 호스피스 병동은 입원 조건만 허락된다면 난 괜찮다. 한때 스위스에 가서 조력사를 선택할까 했다. 하지만 『스위스, 안락사 현장에 다녀왔습니다』라는 책을 보고 그곳 또한 낯선 곳이고,

그 과정에서 가족들에게 또다른 심리적 고통과 부담을 안길 것 같아 포기했다. 죽음의 장소와 방식이 남은 사람들에게 불편을 주어서는 안될 것이다. 뭐가 또 있을까?

유언장이다. 많지는 않겠지만 남겨질 자산을 정리하고 합리적으로 나눠주고 싶다. 재산이 작건 많건 정리가 되지 않으면 갈등은 피할 수 없다. 그래서 유언장을 미리 아내와 자식들에게 보여줄 것이다. 미리 상의를 하고 잘못된 것이 있으면 고치면 된다. 일부는 내가 많은 혜택을 받은 사회에 기부할 계획이다. 유산보다 더 귀중한 정신적 유산, 그것은 지금 내가 쓰고 있는 이 기록 속에 담아둔다. 이 책이 내 사랑을 담은 선물이 되기를 바란다.

마지막으로 장례식이다. 나의 장례식에 올 사람의 명단은 미리 작성해 준비할 것이다. 오직 진정으로 나를 추모하고 싶은 사람들만 함께 하는 작고 조용한 의식이면 충분하다. 부의금은 받지 않도록 내가 미리 장례비를 마련해 둘 것이고, 내가 묻힐 추모공원은 집에서 가까운 시설이 좋은 추모공원을 물색 중이다. 아내와 나, 둘이 함께 누울 작은 추모공원 한 자리, 그곳에서 우리는 다시 나란히 쉼을 가질 수 있을 게다.

장례식장에서 나는 쇼팽의 야상곡 1번, 2번과 20번, 베토벤의 비창을 무한 반복으로 들었으면 한다. 다른 하나는 김두완 곡의 '본향을 향하네'를 합창으로 조용하게 듣고 싶다. 식장 한편에는 시와 캘리그래피도 함께 전시해주고 나의 삶을 정리한 영상을 틀어주면 좋겠다. 이것이 내가 마지막으로 결정할 수 있는 삶의 선택이다. 죽음을 맞이하면서 나 답게, 그리고 사랑하는 이들에게 부담이 되지 않도록 떠나고 싶다. 이 모든 것이 내 뜻대로 된다는 보장은 없겠지만 그럼에도 불구하고, 나의 생각과 의지를 전하고 싶은 마음이다. 사실 '웰다잉', 잘 죽는다는 것은 결국 오늘을 어떻게 살아가는가에 관한 질문에 대한 해답이기도 하다.

마지막으로 부탁 하나 더, 임종 시 혹시 내가 정신이 혼미하여 상대를 못 알아본다고 "내가 누군지 알아요?"와 같은 질문은 하지 말기 바란다. 그게 큰 스트레스를 준다고 하더라. 대신 이렇게 얘기해주면 좋겠다. "제가 딸 혹은 사위 ** 예요"하고 말이다. 마지막까지 청각과

촉각은 살아있다고 하니 내 손을 잡으면서 귀에다 대고 속삭여 주렴 이렇게,

"당신을 많이 사랑했고 덕분에 너무 행복했어요."

또 하나의 삶

하루
이틀
사흘
장마철 강물처럼 흐르는 시간 속에서

또,

한달
두달
석달
이미 익숙해져 버린 습관 속에

봄
여름
가을
크로노스의 시간은 흐르고

겨울,
그 차가운 열정 속
카이로스의 시간을 사랑하지만,

시간
공간
언어
사람 속에 갇혀버린

거미줄에 갇혀 버둥대는 벌레처럼
기억 속에 갇히고
관계망에 갇혀버린

자신이 놓은 망에 스스로 갇혀
시간은 세상 모든 기억을
사라지게 하는데

난 누구인지
무엇을 사랑하는지
머리가 굳어버려 알려고도 하지 않기에

나를 살펴볼 시간도
당신을 충분히 사랑할 여유도 없이
살았기에

내 부족함을 알아도
표현하지 못한 아둔함에
몸서리치지만

내 존재가 소중하듯
당신의 존재 또한 존중합니다.
언제나

일상의 단조로운 삶 속에서
주어진 습관을 그대로 받아들이지 않고
변할 수 있다는 믿음으로

고통과 죽음까지도 긍정하면서
나날의 삶이 예술로 승화하면서
살아갈 수 있도록
나 자신을
부단히 연마하고 더 나은 삶을 지향하며

아름다움을 갈망하는 사랑의 마음으로
살아가길 소망합니다.

에필로그

 삶은 늘 비슷한 하루의 반복처럼 보이지만, 그 안을 들여다보면 조금씩 다른 온기가 숨어있습니다. 평범한 하루 속에서도 문득 마음을 두드리는 순간이 있고, 그 순간들은 우리 기억 속에 오래 반짝이며 피어납니다. 이 책은 그 익숙함과 설렘 사이의 조용한 떨림을 담아낸 한 사람의 인생 이야기입니다.

 오랜 교직 생활을 마무리하고 인생의 3막, 새로운 길목에 서서 지나온 시간을 돌아보았습니다. 말로는 미처 전하지 못한 진심과 세월이 남긴 감정의 무늬를 시와 수필, 그리고 캘리그래피로 담았습니다. 교실이라는 작은 세상에서 나눈 따뜻한 순간들, 가족을 향한 사랑, 그리고 나 자신과 마주했던 고요한 시간들이 쌓여 있습니다.

이 책을 통해서 나는 한 여자의 남편으로서, 아이들의 아빠와 장인으로서, 그리고 한 사람의 '존재'로서 살아온 삶의 흔적과 가치를 전하고 싶었습니다. 말로 꺼내면 왠지 자랑이나 잔소리로 들릴까 망설였던 이야기를, 이제 글로 조용히 전해봅니다. 언젠가 자손들이 이 책을 함께 펼치고, 식탁에 둘러앉아 웃고 이야기 나누는 모습을 상상합니다. 그 장면을 떠올리는 것만으로도 마음이 따뜻해집니다.

 이 수필집은 한 사람의 삶을 기록한 책이며 세대를 잇는 마음의 다리입니다. 베이비부머와 그 자녀들에게 조용히 건네는 사랑과 격려, 그리고 삶의 속도를 잠시 멈추고 그 의미를 밝혀주는 작은 촛불이 되길 바랍니다. 돌아보면, 그리 특별하지 않다고 여겼던 일상이 사실은 얼마나 소중했는지 알게 됩니다. 익숙함이라는 이름으로 스쳐간 순간들 속에 수많은 설렘이 숨어 있었다는 걸 깨닫게 됩니다. 그리고 기억해 주길 바랍니다. 우리가 함께 했던 평범한 날들이 누구보다 귀하고 아름다웠다는 것을.

 이제는 당신 차례입니다. 당신의 삶도 충분히

아름다웠고 누군가에게 꼭 전해져야 할 이야기입니다. 이 책이, 당신의 첫 문장을 시작할 용기가 되어 주기를 바랍니다. 지금 이 순간, 너무나 익숙했던 당신의 삶이 낯섦과 설렘으로 다시 피어날지도 모르겠습니다.

마지막으로, 이 글을 읽고 있는 당신께 진심으로 감사의 마음을 전합니다. 또 감사하는 마음을 전하고 싶은 분이 있습니다. 책에 포함된 캘리그래피가 아름답게 나오도록 지도해 주신 ㈜파란가재 대표 민태숙 선생님께 고마움을 전합니다. 언제나 나의 첫 번째 독자이자 비평가로서 교정과 교열까지 도와주면서 나와 함께 살아온 아내에게 고마움과 함께 사랑의 마음을 보냅니다. 나의 딸들과 사위, 그리고 예비사위한테도 나의 사랑을 전합니다. 사랑한다.

사랑해.

목적지는
저 먼 어딘가가 아니다
그곳에 이르는
한 걸음
한 걸음이
목적지다

베이비부머와 그 자녀들에게 조용히 건네는 사랑과 격려, 그리고 삶의 속도를 잠시 멈추고 그 의미를 밝혀주는 작은 촛불이 되길 바랍니다. 돌아보면, 그리 특별하지 않다고 여겼던 일상이 사실은 얼마나 소중했는지 알게 됩니다. 익숙함이라는 이름으로 스쳐간 순간들 속에 수많은 설렘이 숨어 있었는지 깨닫게 됩니다. 그리고 기억해 주길 바랍니다. 우리가 함께했던 평범한 날들이 누구보다 귀하고 아름다웠다는 것을.